放慢腳步
走訪少有人知
的東京巷弄

東京街道散步圖鑑

STUDIO WORK──著

TOKYO SANPO ZUKAN

楓書坊

目 次

Contents

Contents

關於本書 ┊ 本書所刊載的是 2017 年 10 月之前的資料，內容可能有所異動，敬請事先確認。
┊ 因本書所刊載之內容而造成的損失，本社將不負補償責任，敬請見諒。

快速掌握東京

在各個市町都具有獨特風貌的東京，先決定好要前往的區域，再開始行動吧。本書所介紹的所有地點，都可以搭乘電車或地鐵前往。

王子　P.126

河邊就是江戶庶民的休閒地。此地依舊保留著不少明治、大正時期的紅磚瓦建築。

雜司之谷　P.106

歷代名人最喜歡的地方。在這裡有許多伴有河景或綠意盎然的坡道。

山之手

這裡有不少內行人才知道的景點。可以一邊享受沉靜的氣氛，漫步於充滿歷史與綠意的氛圍中。

池袋

神樂坂　P.100

以山坡地為中心形成的市町，往昔文人們最愛的料亭今日風情依舊。

JR中央線

中野

荒木町（四谷）　P.82

最大的特色是窪地地形，隨處可見水池與山坡。這裡也曾經是花街。

新宿　P.40

奢華與雜亂交融的城市。這裡的巷弄間依然保留著昔日的黑市氛圍。

新宿

原宿　P.88

年輕人的活力為每條街道打造出截然不同的景觀。似乎與能量點清正井有關。

四谷

JR中央線

都心・副都心

現代化的都市裡藏著歷史性的建築物與充滿黑市氛圍的巷弄，新舊衝突的魅力令人著迷。

澀谷

澀谷　P.46

從山坡與山丘發展起來的市町，不論古今都是流行重鎮。

JR山手線

麻布　P.74

山谷、窪地、山坡等等，由起伏多變的地貌所形成的街道。

東京基礎知識

人口……約 1370 萬人 （23 區內約為 946 萬人）
面積……約 219 平方公里 （23 區內約為 627 平方公里）
人口密度……每一公里約 6270 人（23 區內約為 1 萬 5000 人）

*2017 年 9 月資料

千駄木・根津 P.120

擁有豐沛水源與綠地的斜坡地。在這裡，武士與平民土地分配不均的狀況十分明顯。

千束・三之輪 P.140

都電的終點站，充滿昭和年代的風情。可以到吉原探訪咖啡館。

北千住 P.148

日光街道的宿場町。隨便一條巷子裡就可見到土藏[4]、宮造式錢湯[5]等等，令人目不轉睛。

谷中 P.112

寺廟聚集，藝術大學也座落於此，因此商店販售的物品大多與寺廟及學校相關。巷弄間的風景也充滿魅力。

淺草 P.134

世界級的觀光勝地。江戶時代的庶民文化及戰前文化隨處可見。

北千住　JR常磐線

下町

在這個區域可以看到許多日本風情濃厚的景色。了解這裡的背景後，將能有更深入的有趣發現。

水道橋・神保町 P.94

舊書店群集，以前甚至還有中國城。原汁原味的斷崖也值得細細品味。

上野 P.58

這裡有日本的第一公園——上野恩賜公園。可說是得以一窺日本近代建築演進的建築寶庫。

上野

神田 P.52

職人與商人匯聚，屬於下町中的下町。果菜市場不但餵飽市民，也讓地方繁榮起來。

日本橋 P.34

曾經是魚河岸，及日本的商業與交通中樞。許多老店的看板至今依舊保存良好。

人形町 P.168

擁有濃厚的昭和初期懷舊風情。可以體驗傳統技藝、飲食與藝術的樂趣。

皇居 P.20

坐擁豐富的自然景觀，隨處可見昔日江戶城的身影。

東京

銀座 P.28

這裡的特色是棋盤格的街道。名牌店林立令人印象深刻，歷史的氛圍也很濃厚。

深川・門前仲町 P.174

江戶時代的物流據點。在這裡能夠體驗林場、花街、祭典等各式各樣的江戶精萃。

荒川

東京車站・丸之內 P.12

保留了許多明治、大正時期的建築物，也擁有綠意盎然的區域

品川

隅田川

築地 P.162

這是位在填海而成的人造地、因市場而繁榮的市町。至今依舊可見許多的看板建築與純日式建築。

佃島・月島 P.154

這是明治與江戶時期填海而成的土地。在不同的時代，巷弄的形狀也大不相同。

品川 P.68

因漁業而繁榮發展的宿場町[1]。混雜在神社與寺廟之間的看板建築[2]、富士塚[3]與船隻避風港等等諸多景點，都非常值得一看。

東京灣

❶ 宿場為古時候的驛站、休息站，以宿場為中心形成的街町稱為宿場町
❷ 呈四方形結構的商店街建築物，牆面可掛招牌看板
❸ 模仿富士山造型的人造小丘
❹ 日本傳統的倉庫建築
❺ 外觀類似神社或寺廟建築的傳統澡堂）等等，令人目不轉睛。

這些推薦路線，可以帶領大家探訪鮮少人知道的東京精彩面貌。你可以放慢腳步，逐一探訪這些地區，腿力好的話，也可以一次走遍二至三個地區。

推薦路線 隨性漫步巷弄間的

不論是房屋之間的通道，或是與日常生活息息相關的狹小巷子，不妨來一趟巷弄間的穿梭之旅，體驗當地生活與文化的深度與質感。了解這些巷弄的形成背景，將可為這趟小冒險增添更多的樂趣。

AM ＞ **PM** ＞ **傍晚**

佃島・月島
佃島的巷弄狹小，月島的巷弄寬闊。來這裡實際體驗一下兩者的不同之處吧。

P.154

谷中
推薦各位前往日劇《早乙老師》當中作為拍攝地點的巷弄走走，再到谷中銀座商店街享受邊吃邊逛的樂趣。

P.112

北千住
去瞧瞧宿場町裡的出桁造建築老店。一走進去，就能遇到充滿生活感的巷弄與土藏。

P.148

推薦路線 走訪濃濃東京風建築物

站在時代尖端的西式建築，與注重日本傳統精神的日式建築──包容這兩種不同風格的建築兼容並存，正是東京的最大特色。而蘊藏在現代建築中的歷史，更是令人想要一探究竟。

AM ＞ **PM** ＞ **傍晚**

銀座
不論何時都非常熱鬧，不過上午通常會稍微悠閒一點。區域裡至今依舊可見時髦的摩登建築。

P.28

日本橋
獨具風格的老店建築以及店鋪看板、家紋等等，江戶與昭和氣息交融的氛圍，十分獨特。

P.34

人形町
是個會令人想在傍晚時刻一訪的昔日花街。巷弄裡有林立的料亭，充滿個性的街區相當引人入勝。

P.168

隨身帶著更好
攜帶物、服裝

- ○《東京街道散步圖鑑》（本書一定要帶！）　　○ **後背包或肩背包**（這樣才能空出兩手）
- ○ **球鞋之類適合走路的鞋子**　○ **地圖**（除了現代地圖，江戶時代的切繪圖❶也可以）
- ○ **帽子・飲料**（天氣熱的時候一定要帶）　○ **指南針**（利用手機上的App也ok）

推薦路線
挑戰各種山坡地的

東京有很多山坡地。在江戶時代，馬路幾乎都沒有路名，大家都是以山坡的名稱作為方向的指引。從這些山坡地的名稱遙想當年的風景，也是挺有趣的。

AM　　🚶　　PM　　傍晚

| 雜司之谷 | > | 荒木町（四谷） | > | 麻布 |

在被神田川侵蝕而成的斷崖眺望，景色十分棒。是個山坡地非常多的地區。

昔日花街雖然不復存在，往日時尚的設計，卻仍然隨處可見。對窪地有興趣的人，更是不能錯過這個地區。

這是東京必看的山坡地形。除了欣賞變化多端的地貌，可以邊走邊吃的商店街也不容錯過。

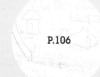
P.106

P.82

P.74

推薦路線
林間水邊恣意漫遊的

印象中，東京總是充滿了人潮與高樓大廈，但其實還是有不少可以讓人優遊其中的樹林或水池。在大街小巷走累了，不妨找個大自然，休息一下吧。

AM　　PM　🚶　傍晚

| 皇居 | > | 千駄木・根津 | > | 王子 |

四周環繞著護城河，水邊綠意盎然，是難得的城市綠洲。

山坡上錯落著大樹的大名庭園。隨處可見充滿自然氣息的綠樹與水色風光。

在江戶時代，這裡曾經有瀑布。飛鳥山的石神井川以及起伏的地形，至今依然保有精彩的自然樣貌。

P.20

P.120

P.126

❶ 切繪圖：經過實地測量的分區地圖

選擇不同的時間，深入體驗箇中魅力

時間別

推薦地點

有時候，不妨選擇在特定的時間探訪具有各種背景、歷史與文化的景點，感受不一樣的動人魅力。

適合傍晚～夜晚的推薦區域

體驗黑市氛圍的地點

戰後黑市生氣蓬勃的氣息，依舊殘存於這一排排歡樂暢飲的飲食店裡。來這裡體驗一下輕鬆愉快的夜生活吧。

- **新宿**（黃金街、回憶橫丁）……… ➡P.40
- **澀谷**（飲兵衛橫丁）………………… ➡P.46
- **谷中**（初音小路）………………… ➡P.112
- **深川・門前仲町**（辰巳新道）……… ➡P.174

體驗花街氛圍的地點

地面上映著夜色的石頭，以及灑在小路上的水等等，太陽下山後，一定要來這裡體驗與眾不同的文化氣息。

- **荒木町**（四谷）… ➡P.82
- **神樂坂**………… ➡P.100
- **千束・三之輪** ➡P.140
- **人形町**………… ➡P.168

適合早上的推薦區域

體驗寺廟氛圍的地點

空氣清新、令人心曠神怡的上午，最適合到寺廟裡走一走了。說不定還能遇到師父們做早課呢。

- **品川**… ➡P.68
- **麻布**… ➡P.74
- **谷中**… ➡P.112
- **淺草**… ➡P.134
- **築地**… ➡P.162

都心・副都心

🚇 最近車站　JR 山手線等　東京車站　丸之內中央口

池袋　北千住　上野　四谷　新宿　東京　澀谷　品川

讓歷史與現代建築並存的
市町規劃持續進行中

近年來，即使丸之內的建築物容積率不斷增加，整體的市町規劃並未忘記讓明治、大正時期的諸多建築物能夠永續長存。這些依舊健在的歷史建築，也因此獲得了充分的保存（部分保存）或修復還原，盡量維持創建時的風貌。

首先，我們來看看在二次大戰中因為空襲、三樓遭到毀損，目前已經修建完成的東京車站。

東京車站創建於大正三（1914）年。從江戶時代開始，日本橋一直是日本的經濟中心，但為何東京車站卻捨棄日本橋，選擇丸之內作為出入口？答案是：東京車站的正中央有皇室專用的出入口。這個出入口經由行幸通直抵皇居正門，象徵天皇的威光能從東京車站透過鐵路直達日本各地。

東京車站內裝飾之華麗，甚至會讓人懷疑「這裡真的是車站嗎？」。各位在參觀時，不妨多注意這個堪稱辰野金吾[1]式的設計吧。

從東京車站的廣場環顧四方，可以發現周遭的大樓譬如日本生命丸之內大樓與新舊丸之內大廈等等，大樓低層樓的簷高全都只有31公尺。這是特地配合舊制的樓高規定（18頁），讓整體景觀能夠趨於統一。

接下來，我們往馬場先通走，來看看明治時期的建築物吧。這條路上矗立著許多與修復還原的三菱一號相同的磚造建築，因此又有「一丁倫敦[2]」之稱。

相對的，大正、昭和時期的建築大多採用美國新古典主義風格，以鋼筋水泥並加上石牆裝飾所建成。行幸通沿途有許多這樣的建築，因此又稱為「一丁紐約」。

最後還有一個景點。大家知道丸之內的小綠地其實可以直通皇居的森林嗎？這是為了讓鳥類能夠從這裡將植物種子帶到皇居的森林去。丸之內仲通的街道樹、三菱一號廣場，以及名為大手町之森的庭院裡，都種植了與皇居內相同的植物，串連成一座活生生的森林。丸之內處處都有「迷你皇居森林」──透過這種方式讓高樓與自然共存，也算是一種相當值得玩味的嘗試。

[1] 辰野金吾：明治時代的代表性建築師。包括日本銀行總行等諸多磚造建築物，都是他的設計作品。
[2] 一丁約為109公尺。

丸之內大廈、新丸之內大廈

建築物的屋簷，承襲一丁紐約時代簷高31公尺的規定，讓景觀趨於統一。

日本工業俱樂部會館

建於大正九（1920）年。為玄關擁有柱式結構的新古典主義建築（部分保存）。

紐約風格的辦公大樓

行幸通上有許多大正時代仿照新古典主義③興建的鋼筋水泥高層辦公大樓，因此又有一丁紐約之稱。包括日本工業俱樂部會館、明治生命館、DN tower 21等等建築都是。

大手町之森 ➡ P.19

大手門TOWER一帶重現了最真實的森林原貌。

東京車站 ➡ P.14

建於大正三（1914）年。建築物由原先明治時代流行的樣式改造為辰野式設計。（保存〔1、2樓〕修建〔3樓〕）

大手町タワー

大手町駅前

大手町駅

交番

三菱東京UFJ銀行

皇居 ➡ P.19

N

和田倉門

行幸通り

日本生命
丸の内ビル

 START

新丸之內
新丸の内

東京駅中央口

東京駅

又稱為一丁紐約的主要區域

丸之內仲通 ➡ P.18、19

丸の内仲通り

丸之內
丸の内

東京駅前

GOAL

又稱為一丁倫敦的主要區域

三菱東京UFJ銀行

東京国際フォーラム西

TORAYA TOKYO ➡ P.18

明治生命館 ➡ P.17

昭和九（1934）年竣工，為擁有柱式結構的新古典主義建築（部分保存）。

馬場先門

馬場先通り

丸の内三丁目

帝国劇場

丸の内

旧警察署

東京国際フォーラム

東京国際フォーラム

KITTE JP Tower

建於昭和六（1931）年。為現代建築設計之先驅（部分保存）。

DN タワー21
（舊第一生命館）

這是建於昭和八（1933）年與昭和十三（1938）年的兩座大樓，為擁有柱式結構的新古典主義建築（部分保存）。

三菱一號館 ➡ P.16、19

建於明治二十七（1894）年（修建）年。

倫敦樣式的辦公大樓

最初的辦公街道出現在馬場先一帶。這個以倫敦為發想的磚造建築街區又稱為一丁倫敦，主要建築有三菱一號館等。

③ 新古典主義：盛行於十八世紀前後，為重新參考希臘羅馬古典主義改良而成的建築樣式。柱式為希臘羅馬建築的基礎，是一種將圓柱與橫梁依比例計算、組成的結構。

從三個關鍵字解讀東京車站

東京車站

解讀東京車站
的設計概念

可以從行幸通直達皇居的東京車站，當初是基於什麼樣的意圖來設計的呢？我們分別就「判斷是創建還是修建」、「天皇的車站」與「辰野式設計」這三個關鍵字來仔細瞧瞧吧。

關鍵字 1：
判斷是創建還是修建

建於大正三（1914）年，設計師為辰野金吾。一、二樓主要是維持原貌，因空襲而燒燬的三樓則於平成二十四（2012）年修建完成。

可以明顯看出三樓的紅磚（修建）與二樓的紅磚（創建）顏色不一樣。

具有渦卷裝飾的愛奧尼克柱式

戰後暫時整修時，柱頭的部分被安置在二樓上方。直到平成年進行修復時，才讓它又回復到原先的三樓處。

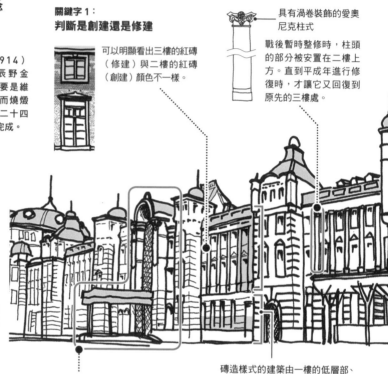

北側為創建當時的上下車專用出入口。

磚造樣式的建築由一樓的低層部、二三樓的中層部與上層部等三個部分所構成。低層部強調的是橫向線條，中層部則是凸顯縱向線條。

關鍵字 2：
天皇的車站

以中央處的屋頂略低於左右兩側圓頂的日式設計，展現皇室風範。

圓拱上的裝飾彷彿是相撲選手紮著髮髻的頭與大大張開的雙手。或許是辰野很喜歡相撲，才會這樣設計吧。製作於與辰野十分有緣的佐賀縣。

車道上方為露台。皇室專用出入口的起伏曲線之所以比其他部分大而明顯，或許是為了強調天皇的權威感。

門扉據說是喜愛相撲的辰野以軍配❶為發想所設計。

皇室專用出入口

門扉造型十分類似秀吉的頭盔。南北圓頂內也有相同的設計。

秀吉的頭盔

❶ 軍配：將領指揮作戰用的一種扇子，相撲裁判也以此為道具。
❷ 安妮女王樣式（Queen Anne style）：這是十八世紀安妮女王時代盛行於英國的建築樣式，辰野留學英國時期再度流行。

圓頂上覆蓋著天然板岩（以凝灰岩等剝成的薄板）。修建之前曾經從車站拆下來、送去宮城縣石卷市雄勝町（熊谷產業）進行修補，可惜在關東大地震時損毀。幸好大部分都得以回收作為修復之用。

關鍵字3：

辰野式設計

以流行於十九世紀後半的安妮女王[2]與維多利亞王朝風格為基調，再加上辰野個人風格而成的設計。

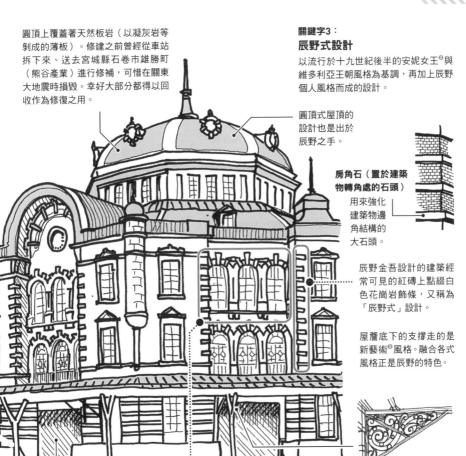

圓頂式屋頂的設計也是出於辰野之手。

房角石（置於建築物轉角處的石頭）

用來強化建築物邊角結構的大石頭。

辰野金吾設計的建築經常可見的紅磚上點綴白色花崗岩飾條，又稱為「辰野式」設計。

屋簷底下的支撐走的是新藝術[3]風格。融合各式風格正是辰野的特色。

創建當時的南側為搭車專用出入口。

突出的拱形石窗框也是「辰野式」設計。

東京車站為何要蓋得這麼長一串？

一開始的設計是多個獨立的建築物（包括入口、出口、皇室專用、郵局等），為了看起來更加氣派豪華，才將所有的建築物串連在一起。

不過，這些建築還是維持各自原有的出入口，上車與下車處相距遙遠，十分不方便。直到昭和二十三（1948）年，才改成每個出入口都能上下車。

重見天日的傳統技術（覆輪目的）

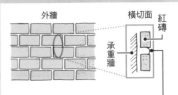

外牆　　橫切面　　紅磚

承重牆

支撐建築物的承重磚（併用鋼骨）為英式砌法，而裝飾外牆的紅磚則採丁式砌法（P128）。目前已不再使用的覆輪目的（手續相當繁複）技術也再度出現。

覆輪目的
在紅磚縫隙間填入砂漿、讓中央處隆起的凸圓縫填磚技術。

您知道一丁倫敦嗎？

明治時代，馬場先通是通往皇居的主要道路。這一帶聚集了許多採用安妮女王風格建築的英式磚造辦公大樓，因此又稱一丁倫敦。我們透過修建復原的三菱一號館，來回憶一下當時吧。

三菱一號館

「縱向」切割的
明治時代辦公室

屋頂由天然板岩與日式式桁架組成。

紅磚、白色窗框與建築物轉角處的白石，如果再加上老虎窗❶，就是安妮女王風格了。

竣工於明治二十七（1894）年。竭盡可能地忠實還原創建時的模樣。

前面路寬為36公尺，設計師康德❷於是將簷高定為15公尺。

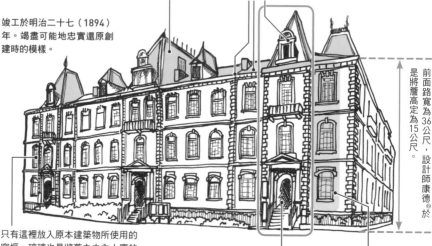

只有這裡放入原本建築物所使用的窗框，玻璃也是將舊丸之內大廈的玻璃回收再利用。

DATA
千代田区丸の内 2-6-2
03-5777-8600（ハローダイヤル）

日本的建築物基本上會有門與圍牆，而三菱一號館直接面對馬路，屬於現代式的設計。

三菱一號館咖啡館（原為銀行營業室）

在銀行時代，挑高的二樓其實是作為監看之用（目前已無法通行）。

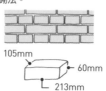

原本是銀行營業室的窗口

以木材包覆鋼骨結構

紅磚採取英式砌法（以一層長面、一層短面的方式交互堆積），而非明治初期常見的法式砌法。也許是因為康德是英國人，於是採取這種砌法。

105mm
60mm
213mm

當時的紅磚大小與現今的紅磚（長210×寬100×高60公釐）不同，這裡可以看到重現的舊時紅磚。大家不妨實際測量看看。

縱向切割的辦公室！
以縱向將一至三樓切割成一組辦公室來出租，因此有很多個出入口。玄關＋各樓＋屋頂為一個單位。

三樓

二樓

一樓

由於是以縱向一排為一個單位，每層樓的窗框設計也都不同。

❶ 老虎窗（Dormer）：即天窗，開口與屋頂垂直的窗戶，用來增加室內的採光與通風。

❷ 康德：喬賽亞・康德（Josiah Conder）。遠從英國受邀至日本工部大學校（現今東京大學建築系前身之一）擔任教授，培育出辰野金吾等諸多建築師。

順便認識一丁紐約吧

進入大正時期之後，為了因應辦公大樓高層化的需求，於是從美國引進鋼骨結構及鋼筋水泥結構建築，同時也採用了流行於十九世紀末紐約的新古典主義設計。這些高層大樓就林立在行幸通上，這一帶於是被稱為一丁紐約。

明治生命館

「橫向」切割的
大正、昭和時代辦公室

竣工於昭和九（1934）年。前方保存的部分目前還在使用中，後方則為新建的高層大樓，容積率也增加了。以行幸通為中心延伸至銀座一帶的區域，稱為一丁紐約。

DATA
千代田区丸の内 2-1-1
03-3283-9252

橫向切割的辦公室！
這裡採用的是按照樓層的橫向切割，而非明治時期的縱向切割。電梯共用，每層樓都有廁所及熱水裝置。

因為是水泥建築，即便是平式的屋頂，也不怕雨水滲入。

圈在外圍的細緻裝飾（忍冬與椰子），正是新古典主義的特徵。

屋階（頭）

主階（身體）

基壇（腳）

外緣與拉麵碗相同圖案（回紋）的裝飾，也是新古典主義的特徵之一。

模擬身體的結構，將建築物分成三層來設計。

接下來瞧瞧柱頭！
要呈現華麗感，一定會採用科林斯柱式。

渦卷裝飾

莨苕葉

柱身上雕有細細的溝槽

參觀一下內部吧！（一至二樓開放參觀）

玻璃屋頂提供頂部照明

牆壁與天花板也裝飾了大量線板

這是一棟擁有電梯與冷暖氣設備的新式大樓。電梯的操控面板也保留著當時的模樣。

具有渦卷裝飾的愛奧尼克柱式

地板採用了大理石。其中藏著菊石化石，大家不妨找找看。

方盤（碟型）

渦卷

莨苕葉

多立克柱式（簡樸）　愛奧尼克柱式（華麗）　科林斯柱式（奢華）

理由是為了讓景觀趨於統一

面對行幸通的丸之內大廈及新丸之內大廈，31公尺以下低層部的設計，與高層部是不一樣的。低層部採用了100尺的規制❶，亦即是今日已經廢除的昭和時代建築法規標準。也有其他的道路沿用了這種舊規制，到處找找看也是挺有趣的。

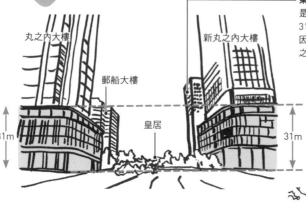

丸之內大樓

郵船大樓

新丸之內大樓

皇居

31m

31m

東京海上日動大樓
是這個地區第一個高度超過31公尺的大樓。當時還曾經因為有損美觀、有藐視皇居之嫌而受到眾人議論。

沿著皇居壕溝而立的建築群，有不少都依舊保留著31公尺的高度。

31m

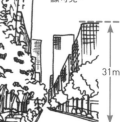

丸之內仲通沿路上的建築物，31公尺的高度線明顯可見。

31m

從這裡可以看見 31 公尺標高線！

走過了丸之內，不妨上到東京車站旅館二樓的咖啡館，從這裡可以清楚遠眺東京車站前的大樓群。

TORAYA TOKYO
東京車站旅館二樓為日式點心老鋪「虎屋」的喫茶店。

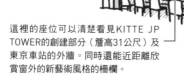

這裡的座位可以清楚看見KITTE JP TOWER的創建部分（簷高31公尺）及東京車站的外牆。同時還能近距離欣賞窗外的新藝術風格的柵欄。

內裝使用的是車站創建時期的紅磚。偶爾點綴其中的黑色磚塊是昭和二十（1945）年空襲時受到焚燒的遺跡。

印有東京車站圖案的限定版包裝小羊羹，五條1404日圓。

DATA
千代田区丸の内 1-9-1
東京車站旅館 2 樓
03-5220-2345

❶ 100尺規制①：參考倫敦街區的設計，依循當時英式的100英尺規則，因而定制出100尺（約31公尺）的規制。

大手町之森
（大手町 tower 一帶）

丸之內的綠地
始於皇居

丸之內成為皇居森林

皇居裡擁有豐富的自然資源，從江戶時代開始就是綠意盎然。棲息於皇居森林裡的鳥類飛到附近的綠地，隨處布下皇居植物的種子，滋長的植物於是在丸之內的周邊逐漸形成一座座小型的「皇居森林」。

皇居

鳥類帶來種子

可防止大樓風與車輛廢氣的玻璃帷幕。

與皇居相同的樹
高樹（橡樹、紅楠、麻櫟）、
矮樹（杜鵑花）。

樹木的生長密度不一。

乾

濕

起伏和緩

大手町之森
（大手町 tower 一帶）
由於鳥類的來來往往，這裡除了原生種，也能見到生長於皇居森林裡的樹木。鳥兒們從皇居飛來，順便帶來了種子，這裡原先只有100種左右的植物，於是逐漸增加到300種之多。

山慈姑等地被植物。

地形因為高低起伏，形成了乾濕差別，造就了可接納多種植物的環境。

由於直通丸之內仲通，棲息於皇居的鳥兒們可以越過行道樹飛過來。

丸之內仲通
種植了可以形成巨大樹蔭的櫸樹等樹種。

鳥類經過行道樹後在丸之內一帶四處飛去，一座座小公園於是變成了「皇居森林」。

也種了好幾種設計師康德喜歡的玫瑰。

三菱一號館廣場
配合地面的起伏及土壤性質來栽種樹木。

❶ 100尺規制②：大正九（1920）年實施的建築法規中對於建築物高度的規定，在昭和三十八（1963）年時廢止。

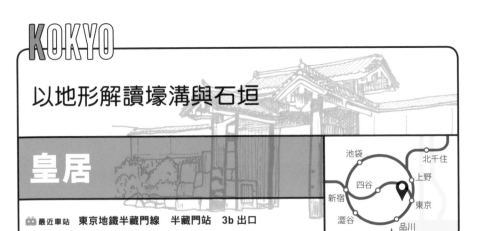

以地形解讀壕溝與石垣

皇居

池袋　北千住
四谷　上野
新宿　東京
澀谷　品川

🚇 最近車站　東京地鐵半藏門線　半藏門站　3b 出口

透過土與石來了解城堡！

有不少江戶城的地圖都是以西邊作為上方，而不是北邊。這是因為西邊對江戶城十分重要。位於西邊的是半藏門。從西邊綿延相接的麴町台地稜線一帶，可以清楚看見四周的地形起伏，因此是非常重要的地點。當時便是以這裡為起點，利用地形的高低落差，以削山或填土[1]的方式建造了江戶城。

在町內散步時，不妨以半藏門這個築城的基礎點作為散步起點吧。沿著內護城河逆時鐘方向往下走，在櫻田濠的堤防上有個「柳之井」。從前的江戶城雖然緊挨著海灣，不過既然有井水，表示這底下是天然的岩盤。在緊鄰海邊的地方取得的淡水相形貴重，於是這裡的井水也成了名水。

走下山坡來到外櫻田門，左手邊是堤防，右手邊是石垣[2]。為何左右兩岸的景觀有如此大的差異？散步時一邊觀察地形，便是巡行江戶城的一大重點了。

接著，我們來看看出入口吧。城堡的出入口大多採取「枡形」[3]結構，將四周圍起以提高防禦機能。而外櫻田門以護城河圈起兩側，另外兩側則以門圍住，這樣的結構非常值得一看。

離開外櫻田門，我們繼續往大手門的方向前進。城堡的外玄關大手門是塊平地，這裡曾經是海灣。從此處一直到高台的本丸，動線完全配合了地形的高低起伏。城堡四處都設置了重重關卡的城門，可見戒備有多麼森嚴。各位不妨抱著大名進城的心情，到此一遊吧。

這些區域原本是台地

汐見坂

白鳥濠

谷

蓮池濠　桔梗濠

半藏門

入り江

江戶時代之前的地形

---

❶ 削山、填土：削山是指將原本的山地夷平整地，填土則是將土填入低窪的地區。

❷ 石垣：石砌的牆。

駐日英國大使館

明治維新之後，將大使館蓋在能夠鳥瞰皇居的半藏門隔壁，真不愧是英國人。

千鳥之淵

將引自麴町台地的水蓄積起來，當成日常生活用水。

桃華樂堂

這座引人注目的八角形建築，是為了喜愛音樂的香淳皇后（昭和天皇的皇后）建造的音樂堂，作為她的六十大壽紀念。

本丸的東北側為鬼門，因此以石垣作為陰角，讓鬼繞道而行。

GOAL

汐見坂

白鳥濠 ➡ P.25

天守台 ➡ P.25

東御苑 ➡ P.26

可以見到善用高低差打造的城門。

本丸遺跡

百人番所

中之門跡

大手町駅

大手門

パレスホテル東京

和田倉噴水公園レストラン

富士見櫓

本丸及天守在明曆大火（162頁）中燒燬之後，這裡就取代了天守的功能。

從外櫻田門的前方看過去，可以清楚看出石垣與地基的不同。

START

半藏濠

舊甲州街道

← 半藏門駅
3b 出口へ

N

半藏門 ➡ P.22

這是內護城河沿岸的城門當中，地形位置最高的一個。就以此門為起點，開始巡城吧。

三宅坂

櫻田濠 ➡ P.23

地基

石垣

扇坡濠

內堀通り

二重橋前駅

和田倉門

保留了枡形的石垣。

国会前

警視庁

桜田門駅

外櫻田門 ➡ P.24

祝田橋

護城河邊的「柳之井」遺跡

這是有名水之稱的水井遺跡。有地下水正表示此地屬於天然岩盤。從這裡再往南邊挖掘，就會銜接到海水了。

法務省舊本館

明治時代的建築物。內部開放參觀。

這是守城必備的枡形門。巧妙結合周圍的護城河建造而成。

日比谷駅

菊

〈伴手禮〉

以宮中傳統製法製作的菊花紋「最中」。5個裝1050日圓。

❸ 枡形：枡形四方形。
❹ 陰角：兩面石牆相接處的凹面，凸面則稱為陽角。

21

解開半藏門的兩大謎團

中間夾著土橋的北邊半藏濠與南邊櫻田濠，為什麼這兩邊的水位不一樣高呢？此外，又是為什麼要在外敵容易入侵的甲州街道設置半藏門？接著就來為大家解開這兩大謎團吧。

半藏門

半藏門的三個觀察重點

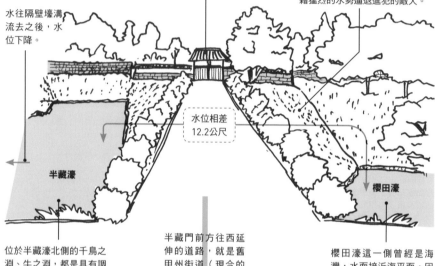

半藏門
在內護城河沿岸的所有城門中，半藏門的地理位置最高。

據說緊急時可以破壞土橋，在護城河下游（櫻田濠）引發洪水，藉猛烈的水勢逼退進犯的敵人。

水往隔壁壕溝流去之後，水位下降。

水位相差
12.2公尺

半藏濠

櫻田濠

位於半藏濠北側的千鳥之淵、牛之淵，都是具有調節河川水量功能的人造湖。對於靠近海邊、淡水取得不易的江戶城來說，護城河內的水便成了珍貴的生活用水。

半藏門前方往西延伸的道路，就是舊甲州街道（現今的新宿通）。

櫻田濠這一側曾經是海灣，水面接近海平面，因此水位顯得較低。

甲州街道由親藩[1]、大久保的伊賀組百人鐵砲隊、八王子的千人同心[2]負責守衛，戒備森嚴地護衛著甲府德川家。

往新宿、甲府（舊甲州街道）

這條路處於稜線上，地勢平坦，移動上十分方便。加上道路兩旁屬於不易進攻的山谷地形，也因此成為幕府的緊急逃生路線。

小知識 半藏門這個名稱，據說是由負責守衛此城門的伊賀同心組首領服部半藏而來。
[1] 親藩：與德川家有血緣關係的藩領
[2] 千人同心：維持地方治安的低階武士

櫻田濠

為什麼堤防與石垣高低不一樣呢?

因地形而產生差異的護城河景觀

從外櫻田門外側觀看內護城河時,可以看出東邊的石垣砌得比西邊的堤防還要高。這麼做並不是為了美觀,而是因為堤防是配合原始的岩盤而建,石垣則是蓋在填平的海灣之上。

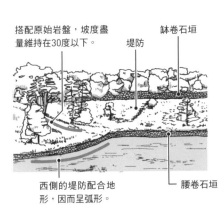

搭配原始岩盤,坡度盡量維持在30度以下。

堤防

缽卷石垣

西側的堤防配合地形,因而呈弧形。

腰卷石垣

石垣內部為填土。

以人工方式砌成,因此外觀呈直線。

這裡曾經是海灣,所以馬路非常靠近水邊。

西側為堤防

將原始岩盤直接當成堤防使用。為避免堤防的上半部受到雨水侵蝕,因此堆砌了好幾層缽卷石垣。下半部則是由腰卷石垣所構成,以避免堤防因泡水而腐蝕。

東側為石垣

由於這個地方是填土而成,必須加蓋石垣,以避免崩塌。陡峭的石垣同時還具有預防敵人入侵的功能。

在最容易清楚辨識江戶城內地勢的地方散步吧

從本丸(城郭中心)遺跡走下汐見坂,站在白鳥濠旁的石垣上,從這個高度就能清楚看出本丸與二之丸的高低差別了。

汐見坂
由於舊時下方就是海,因此稱為汐見坂。

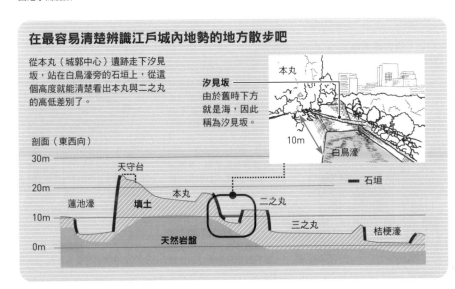

剖面(東西向)

本丸

10m

白鳥濠

石垣

天守台

本丸

二之丸

蓮池濠

填土

三之丸

桔梗濠

天然岩盤

城門為何要採用枡形？

巧妙運用護城河的枡形門

守護城池，絕對少不了枡形門。它的基本構造是兩面石垣與兩面門。江戶城裡也有好幾個枡形門，其中之一的外櫻田門是由護城河圍起而不是石垣，算是非常具有特色的枡形門。

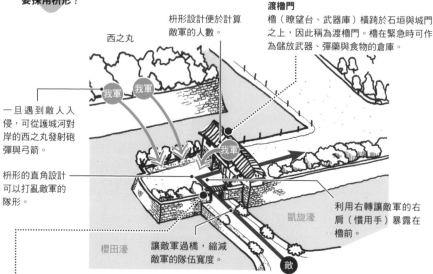

西之丸

枡形設計便於計算敵軍的人數。

渡櫓門
櫓（瞭望台、武器庫）橫跨於石垣與城門之上，因此稱為渡櫓門。櫓在緊急時可作為儲放武器、彈藥與食物的倉庫。

一旦遇到敵人入侵，可從護城河對岸的西之丸發射砲彈與弓箭。

枡形的直角設計可以打亂敵軍的隊形。

凱旋濠

櫻田濠

讓敵軍過橋，縮減敵軍的隊伍寬度。

利用右轉讓敵軍的右肩（慣用手）暴露在櫓前。

我軍　我軍　我軍　敵

高麗門
外觀看來只是個普通城門，枡形的內部設計卻是處處充滿了攻防機關。

從外側看

立石（短冊砌法）　枡形空間

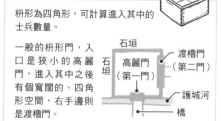

枡形為四角形，可計算進入其中的士兵數量。

一般的枡形門，入口是狹小的高麗門，進入其中之後有個寬闊的、四角形空間，右手邊則是渡櫓門。

石垣　渡櫓門（第二門）

高麗門（第一門）

護城河

橋

從內側看

藏有可供士兵在內側自由上下的雁木（石梯）。幅度較寬，方便士兵一同上下。

這道牆上通常會有可供發射槍砲的銃眼。

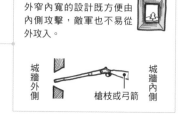

銃眼是開在牆上的孔洞，外窄內寬的設計既方便由內側攻擊，敵軍也不易從外攻入。

城牆外側　　城牆內側

槍枝或弓箭

解讀石塊的祕密

**了解之後
從此對石垣另眼相看**

石垣的基本種類

我們可以透過兩個面向來分辨石垣。一種是從石頭的加工程度來區分,另一種是透過石頭的堆疊方式來分別。時代愈進步,石垣的精細度就愈高。

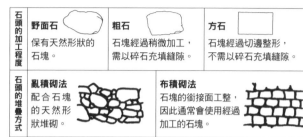

石頭的加工程度	**野面石** 保有天然形狀的石塊。	**粗石** 石塊經過稍微加工,需以碎石充填縫隙。	**方石** 石塊經過切邊整形,不需以碎石充填縫隙。
石頭的堆疊方式	**亂積砌法** 配合石塊的天然形狀堆砌。	**布積砌法** 石塊的銜接面工整,因此通常會使用經過加工的石塊。	

天守台的石垣

天守閣是權威的象徵,因此天守台的石塊堆砌工法也採用最高級的技術。利用大塊的石頭築起堅固又美觀的石牆。

天守台
加賀的前田藩建於萬治元(1658)年。使用的是產自瀨戶內海的花崗岩。

算木砌法
轉角處的石塊以長邊與短邊交互堆砌的方式來強化結構。陽角(21頁)同時肩負柱子的功能,是最重要的部位。

在透視法的作用下,上方的石塊較小時,石牆看起來更為高聳,因此上端使用了較小的石塊。

以布積砌法堆疊經過處理的石塊。加工之後的方石切割精細,因此不需再填充碎石。

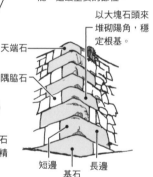

以大塊石頭來堆砌陽角,穩定根基。

天端石

隅脇石

短邊　基石　長邊

白鳥濠的石垣

白鳥濠的石垣混用了不同的堆砌工法,非常值得一看。大家不妨比較一下不同時代製作石垣的精細程度吧。

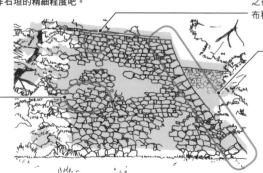

之後修復時採用的是布積砌法。

德川家康時代打造的石垣,採用的是亂積砌法。

這個部分完工於慶長十一(1606)年,採用算木砌法的石塊因為加工手法粗糙,再加上以亂積砌法堆疊,坡度較為平緩。大家可以比較看看,它與五十年後築成的天守台的算木砌法有何不同。

東御苑

抱著大名的心情登城一遊！

想像一下巨大的城門及數量驚人的番所

從大手門進去之後，抵達本丸之前必須經過四座城門與三個番所[1]。警備森嚴加上碩大的城門結構，有效凸顯了德川家的權威感。前往高台一路上的待遇，也可令人深刻感受身分地位的不同。

ⓐ 大手門
在進城要地都設置了守備用的枡形門。大手門也是其中之一。

ⓑ 同心番所
要進入三之門時，必須先在這裡接受盤查。原本的位置在三之門稍前的地方，後來才移動到此處。

ⓒ 三之門
枡形門

御三家[2]之外的大名都必須在此下馬，步行前往。

ⓗ 本丸遺跡
高度即是身分地位的象徵。內側的天守台遺跡是地勢最高之處。

最後是陡峭的上坡路

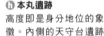

ⓖ 中雀門（遺跡）
前往本丸的最後一個枡形門。比起其他城門，這裡不論是枡形空間或路寬都來得更窄。

天守台

白鳥濠

ⓓ 百人番所
如同其名，這裡是由甲賀組、伊賀組、根來組、二十五騎組當中的四組各派二十五人，總共一百人共同鎮守的番所。同時也負責三之門的警備工作。

成形的白色花崗岩產自瀨戶內海。這裡採用石塊銜接時不會產生縫隙的「方石」，通常用於重要場所，能夠彰顯權威感。

這一段路寬變窄，而且是上坡。

從這裡開始，包括御三家的所有大名都必須下馬步行。

ⓔ 中之門遺跡
中之門原本也是枡形門，石垣之上立有巨大的渡櫓門。內側為大番所。

ⓕ 大番所
前往本丸路上的最後一個番所。建築物背後有個射擊用的十五層石階。

大手門

DATA
千代田区千代田 1-1
03-3213-1111

❶ 番所：守衛崗哨
❷ 御三家：指尾張、紀州與水戶德川家，地位僅次於將軍德川家。

如何分辨散步時遇到的各種樹木

在町內散步時，總是會遇到各種樹木。道路兩旁的行道樹、神社裡高聳的神木，還有公園裡形形色色的樹木，都能令人明顯感覺到四季的變化。這裡要介紹六種最具代表性的樹木，認識了它們，下次散步時一定能帶給你更多樂趣。

樹葉邊緣感覺有突起。

樹幹經年累月後會變成褐色或灰褐色。

葉片帶有光澤，葉緣略呈波浪狀。

樹幹呈暗褐色，具有直條形的紋路。

一到秋天，就能同時欣賞轉紅的樹葉與果實。

這四片並非花瓣。中央處聚集了無數的小花。

櫸樹

樹高：～約30公尺，落葉高木樹形相當美麗，認識之後就很難再忘記。大多作為行道樹，例如表參道櫸樹大道等。

樟樹

樹高：～約30公尺，長綠闊葉樹樹葉繁多。因為含有樟腦，散發著芬芳香氣，例如明治神宮的夫妻楠等。

山茱萸

樹高：約3~10公尺，落葉高木大多為住宅區的行道樹或種植於庭院。春天會開出白色或粉紅色的花，例如九段下的白百合學園附近。

雪松

樹高：～約30公尺，常綠針葉樹這是屬於松樹科、樹形呈圓錐狀的樹木。在公園或庭院裡經常可見，例如代代木公園的雪松等。

梧桐

樹高：約10～30公尺，落葉闊葉樹可耐汽車排放的廢氣，大多種在馬路兩旁，例如新宿御苑的梧桐樹大道等。

染井吉野櫻

樹高：約3~25公尺，落葉闊葉樹種在水邊的櫻樹為了取得反射的陽光，將枝枒不斷往水邊伸展，例如隅田川沿岸的櫻花大道。

樹葉為針狀。

巨大的葉片裂成3～5片。

葉緣呈鋸齒狀

樹幹呈灰褐色，有鱗狀紋路。

樹幹上有鱗狀剝落，形成斑紋。

樹幹帶有光澤，具有橫紋。

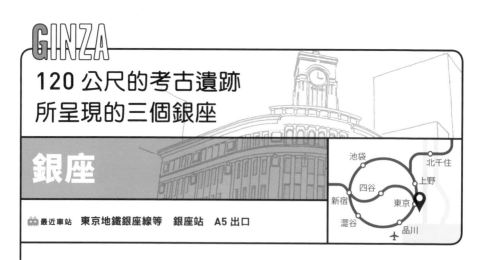

GINZA
120公尺的考古遺跡所呈現的三個銀座

銀座

🚉 最近車站　東京地鐵銀座線等　銀座站　A5出口

通、橫丁、裏町的不同面貌

銀座的馬路基本上採取的是棋盤式設計。這並非是為了讓汽車行車順暢的現代設計，而是江戶時期計畫性的產物。了解這種系統的規劃概念，就更容易理解銀座這個地方了。

先看看下圖。銀座基本上是以120公尺×120公尺的方式分割出表通❶、橫丁通、裏通❷，連續的區域串連起來，就成為一個町。表通為南北走向的主要街道，亦即銀座通。

那麼，我們先到表通走一走吧。表通上最具代表性的建築物之一，就是位於四丁目十字路口上的銀座和光。不少人都將這裡當成碰面的地點，堪稱是銀座的象徵建築。她的特色不僅僅是建築物上的大時鐘，想找什麼物品時，來這裡準沒錯。

接下來是橫丁。在眾多的橫丁裡，要介紹的是六丁目交叉口的交詢社通。這條路上有三座經典的建築物，從建築物的外觀與用途，將可深入解讀這條報社群聚、在明治時代堪稱銀座顏面的馬路不為人知的另一面。

最後，一起來瞧瞧撐起銀座的人們，他們的日常生活吧。包括最靠近裏通的奧野大樓，這裡有昭和初期在銀座工作的人所居住的公寓。繼續穿過幾條街來到昭和通東邊，這裡可以見到看板建築❸以及出桁造建築（164頁）。昭和時期在銀座工作的人們，日常生活幾乎都要仰賴這裡的商店。

表通、橫町通、裏通，愈往裡面走，愈是能看清銀座的全貌。這一帶的經典建築都是關東大地震之後的重建物，來到此處，就彷彿走進了昭和初期的世界呢。

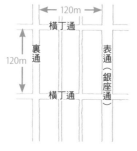

❶ 表通：主要街道
❷ 裏通：靠內側的次要街道
❸ 看板建築：大地震之後，為了加強防火功能，於是在建築物的正面牆上貼上銅板或馬賽克所構成的建築。

銀座四丁目的和光百貨是表通的地標性建築，上面有座明治時代流行的鐘塔。

銀座和光 → P.30

在裏通，至今依舊可見到當初在銀座工作的人們居住的時髦公寓。

奧野大樓 → P.32
昭和初期的高級公寓

京橋的主柱
依舊保留著的裝飾風藝術橋墩主柱

鈴木大樓 → P.32

中央區立泰明小學校
基於對近代教育的先見之明，小學重建時採用了歐式建築。

GOAL

銀座通り口
三菱東京UFJ銀行
銀座一丁目駅
銀座コージーコーナー
ソロモン名誉領事館
京橋公園
ドールコーヒー
アンリ・シャルパンティエ
雪ノ下
銀座二丁目
橋本印刷
函館ラーメン船見坂
銀座三丁目
教文館
ぎんざ三河岐
數寄屋橋
東急プラザ銀座
銀座西五丁目
銀座山野樂器本店
銀座木村家
昭和通り
銀座四丁目
東銀座駅
銀座通り
銀座駅
A5
START
晴海通り

岩瀨博美商店 → P.33

喫茶 GLORY → P.33

セブン・イレブン
銀座西六丁目

電通銀座大樓 → P.31

丸嘉大樓 → P.31

交詢社通
第三菅原ビル
資生堂パーラー
銀座六丁目
銀座ライオン七丁目ビル
銀座七丁目
交番
新橋駅

酒藏秩父錦 → P.33

距離市中心稍遠的地方，就是在銀座工作的人們日常仰賴的商店。

琥珀咖啡 → P.33

N

交詢大樓 → P.31

從依舊矗立於橫丁裡的裝飾風藝術建築，可以看出明治時代的報社何其多。

Café Paulista → P.33
也有一說GINBURA一詞的起源來自這間咖啡館。

位於表通轉角上的銀座地標

為什麼這裡會成為銀座的地標呢？由於和光百貨的前身是服部鐘錶店，我們不妨從藏身於建築物中的四個線索來推敲。提示的關鍵字是鐘塔、隅丸建築、新樣式的裝飾，以及十字路口。

銀座和光

十字路口上的
注目焦點

銀座和光
創建於昭和七（1932）年。前身是創業於明治十四（1881）年的服部鐘錶店。

鐘塔
流行於明治時代的最後一個鐘塔。可視為鐘錶店的信心之作。

每個小時都會發出與西敏寺相同的鐘聲。

新文藝復興建築
連續的半圓形拱橋，以及柱頭上希臘愛奧尼克柱式的渦狀造型，這些都是來自歐洲的新樣式。

愛奧尼克柱式的渦狀造型

銀座山野樂器本店
創業於明治二十五（1892）年。引介西洋樂器。

銀座木村家
創業於明治二（1869）年。麵包普及化的推手。西方並沒有紅豆麵包，創意來自日式的饅頭和果子，是木村家的原創麵包。

與和光一樣的明治時代老店另外還有YOSHINOYA（鞋店）、MIKIMOTO（寶石店）、教文館（基督教書籍）等等。所謂江戶的日本橋、明治的銀座，這些銀座老店透過商品，將西洋文化介紹給更多日本人知曉。

徽章
繪有以星星計時的天鏡儀與沙漏圖案的徽章。明治時代，手錶是相當新潮的西歐商品，特別受到愛嘗鮮的銀座人的喜愛。

櫥窗
轉角處沒有設玄關，而是一座有著大片玻璃的展示櫥窗，這也成為銀座的象徵之一。

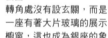

圓弧形轉角所產生的額外空間，成為人們相約碰頭的最佳地點。

和光

銀座通

晴海通
自從昭和十五（1940）年為了奧運盛會而加以拓寬之後，這個十字路口便成為銀座的心臟地帶。

晴海通

天鏡儀

沙漏

製作10公釐厚的玻璃，在當時可不是件簡單的事。

四個角都經過隅丸①處理，轉過街角時也就更輕鬆愜意了。

① 隅丸：指邊角或與地面相接的轉角處以弧形的方式處理。轉角處呈弧狀的建築物，就稱為隅丸建築。

交詢社通

**焦點就在橫丁上的
裝飾風藝術**

走入橫丁，看看報社的真實面貌

在煉瓦街成形的明治時代，一百家報社當中的九十九家都聚集在銀座。報社集結成群，自然也會吸引支持這些報社的公司前來共襄盛舉。各位不妨從依舊矗立在交詢社通上的三座裝飾風藝術建築物，瞧瞧支撐報社外在與內在的不同面貌吧。

明治四丁目交叉口

四個街角都被報社占領了。

四個街角上的報社
東京曙新聞社、東京橫濱每日新聞社、東京日日新聞社（現在的每日新聞社）、朝野新聞社等四社。

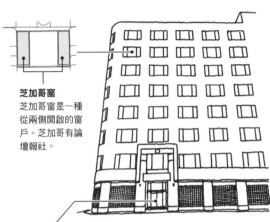

芝加哥窗
芝加哥窗是一種從兩側開啟的窗戶。芝加哥有論壇報社。

電梯大廳的裝飾風藝術風格磁磚。

電通銀座大樓
廣告是支撐報社的內在力量。大樓於昭和九（1934）年竣工。報社成立於明治三十四（1901）年。電通的主體之一為廣告社，負責製作的報社廣告成為收入的主要來源。

採文藝復興樣式設計的三座並列窗戶，在中間窗戶上方加入了尖頂的哥德式結構。整體則稱為裝飾風藝術風格。

丸嘉大樓
建於昭和四（1929）年。這裡原本是賣袋子、包包的商家，與報社無關。一、二樓的裝飾風藝術其實是經過整修的成品。

交詢大樓
建於昭和四（1929）年。明治十三（1880）年，福澤諭吉在這裡成立了社交俱樂部，作為對政界提出評論與演說的場地。言論是支撐報社的外在力量。

31

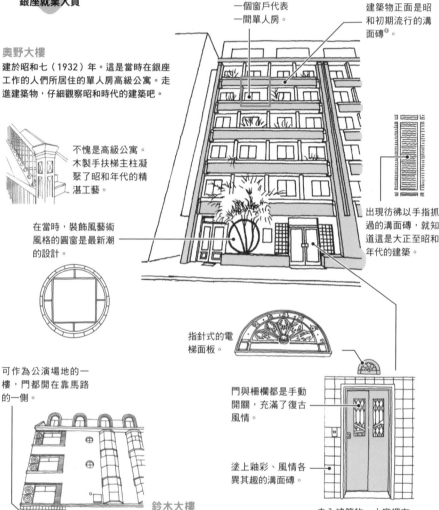

來瞧瞧裏通吧

奧野大樓及其他

住在裏通的銀座就業人員

昭和初期，在銀座工作的人們都住在哪裡呢？離開表通之後，在那些關東大地震後重建的建築物身上，可以看到當時最流行的歐式設計。在那個年代，這些可都是高級公寓呢。

奧野大樓

建於昭和七（1932）年。這是當時在銀座工作的人們所居住的單人房高級公寓。走進建築物，仔細觀察昭和時代的建築吧。

一個窗戶代表一間單人房。

建築物正面是昭和初期流行的溝面磚❶。

不愧是高級公寓。木製手扶梯主柱凝聚了昭和年代的精湛工藝。

在當時，裝飾風藝術風格的圓窗是最新潮的設計。

出現彷彿以手指抓過的溝面磚，就知道這是大正至昭和年代的建築。

指針式的電梯面板。

可作為公演場地的一樓，門都開在靠馬路的一側。

門與柵欄都是手動開關，充滿了復古風情。

塗上釉彩、風情各異其趣的溝面磚。

鈴木大樓

建於昭和四（1929）年。另一座銀座公寓。靠近歌舞伎座，除了提供住居，也經常出租作為公演或排戲的場地使用。

走入建築物，大廳裡有一座電梯。在昭和初期，鮮少有公寓附設電梯。

❶ 溝面磚：表面做出釘耙般的平行溝紋再燒製而成的磚塊。

來看看位在比裏通更內側的街町吧

木挽町

位在更內側的商店

我們來瞧瞧，那些為住在銀座裏通的人們供應日常生活所需的商店。這裡的觀察重點是這些商店所在的看板建築與出桁造建築（164頁），進而想像當時有哪些是生活必需品。

岩瀬博美商店
建於昭和四（1929）年的看板建築。這裡曾經是乳製品批發商。不愧是銀座，奶油、乳酪、牛奶等等乳製品，來這裡統統找得到。

溝面磚。

以大谷石呈現的腰牆與柱腳。

在整體的西式設計中顯得格外吸睛的日式窗戶。

看起來像柱子的偽柱。

喫茶 GLORY
建築物大概有八十年的歷史。屬於三軒長屋形式的看板建築。從門牌可以確認這裡曾經是茶屋。

頑固派的出桁造建築。在崇洋的時代，酒店及米店依然堅持日式的結構型態。

酒藏秩父錦
建於昭和初期，曾經是冰店，同時兼賣木炭，因為冰與炭都是生活必需品。現在是居酒屋。

銀座的咖啡館格調大不同

您知道嗎？GINBURA[2]一詞，是指去銀座喝巴西咖啡哦。去銀座，一定要喝咖啡呀。

Café Paulista
創業於明治四十四（1911）年的咖啡館，在日本推廣咖啡，同時也創造了GINBURA一詞。招牌的巴西咖啡令人回味再三。還可以獲得GINBURA的證明書哦。

DATA
中央区銀座8-9 長崎センタービル1F
03-3572-6160

可以根據客人喜歡的濃度、苦味、酸味現場沖煮咖啡。

琥珀咖啡
創業於昭和二十三（1948）年。藏身於裏通，以法蘭絨濾布沖煮咖啡的老店，是咖啡迷們不可錯過的咖啡館。

DATA
中央区銀座 8-10-15
03-3571-1551

❷ GINBURA：大正時代的慶應學生創造的新詞，意指去Café Paulista喝巴西咖啡、聊是非。
小知識 木挽町是目前銀座東邊、歌舞伎座一帶的舊町名。當時這裡有不少鋸木工人，因此而得名。

33

NIHONBASHI

共同打造出魚河岸的
橋梁、暖簾與百貨公司

日本橋

最近車站　**東京地鐵銀座線等　日本橋站　B1出口**

聚焦重點在日本橋、三越與老店

　　日本橋川沿岸的魚河岸，以及現在的中央通為主的商業區，這兩者縱橫交叉所涵蓋的區域，逐漸發展成這個街町。

　　人們將捕撈的漁獲送到日本橋川北岸的江戶湊[1]，這裡於是形成了魚河岸[2]。隨著江戶人口的增加，這個魚批發市場的規模也變得愈來愈大，從日本各地包括有天下廚房之稱的大阪，不斷將各種食材與產品運來此地。

魚河岸的標誌

　　江戶四周都是運河，水運也成為重要的運貨方式。各位不妨先從日本橋（橋）來推想當時的情況吧。不僅僅只是過橋，我們還要從河岸邊加以觀察。從船隻的視角來觀看，橋的正面就能看得很清楚了。橋墩的弧度低緩，可見得當時船隻不需要張帆，就能順利地在運河上航行。

　　透過水運從上方[3]購入和服的布料，再以「現金買賣不賒帳」的方式賣給江戶人——首創這種交易方式的是越後屋，亦即是現在的三越。

　　三越本店建造至今雖然已經超過百年歷史，但是這棟風格獨具的西式建築，依舊隨處可見充滿商人智慧的「機關」。這裡與隔壁棟的三井本館之間所夾的通道，可以直達江戶城的大手門，加上以富士山為背景的高聳天守，可說是名符其實的精華地帶。

　　三井本館的正後方是日本銀行，莊嚴的新巴洛克風格與三井本館的科林斯柱式左右環抱，走到這個角落，彷彿來到古老的歐洲城鎮。光是一條馬路就能見到截然不同的市街風景，這也是日本橋的特色之一。

　　不再繼續開發的裏通，現今依然保留著濃厚的昭和風情，沉浸在這個略呈雜亂的復古空間，也是另外一種趣味。如今要重溫往日魚河岸的景物實屬不易，不過這裡倒是有不少相關的老店。漫步其中，一邊從商號、家紋細細推敲它們的由來與意義——唯有在日本橋，才有辦法享受這樣的樂趣。

[1] 江戶湊：湊為港口之意　　[3] 上方：泛指江戶時代的京阪地區
[2] 魚河岸：魚市場　　小知識　三井紀念美術館（三井本館七樓）收藏有鳥居清長所繪〈駿河町越後屋正月風景圖〉。

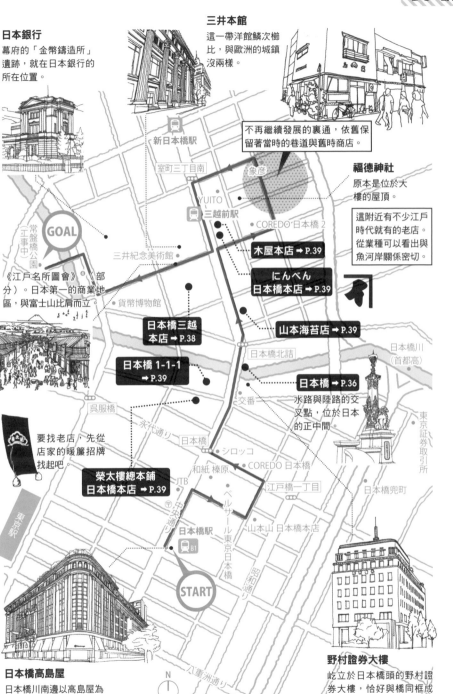

日本銀行
幕府的「金幣鑄造所」遺跡，就在日本銀行的所在位置。

三井本館
這一帶洋館鱗次櫛比，與歐洲的城鎮沒兩樣。

不再繼續發展的裏通，依舊保留著當時的巷道與舊時商店。

新日本橋駅

室町三丁目南

象彥

YUITO

三越前駅

COREDO 日本橋 2

福德神社
原本是位於大樓的屋頂。

這附近有不少江戶時代就有的老店。從業種可以看出與魚河岸關係密切。

GOAL

常盤橋公園（工事中）

三井紀念美術館

《江戶名所圖會》（部分）。日本第一的商業地區，與富士山比肩而立。

貨幣博物館

木屋本店 → P.39

**にんべん
日本橋本店 → P.39**

**日本橋三越
本店 → P.38**

山本海苔店 → P.39

日本橋北詰

日本橋川
（首都高）

**日本橋 1-1-1
→ P.39**

日本橋 → P.36
水路與陸路的交叉點，位於日本的正中間。

交番

吳服橋

永代通り

日本橋

東京証券取引所

東京駅

要找老店，先從店家的暖簾招牌找起吧。

シロッコ

和紙 榛原

COREDO 日本橋

江戶橋一丁目

日本橋兜町

**榮太樓總本鋪
日本橋本店 → P.39**

JTB

ベルサール東京日本橋

日本橋駅
B1

山本山 日本橋本店

昭和通り

中央通り

START

日本橋高島屋
日本橋川邊以高島屋為軸心不斷發展當中。

N

八重洲通り

野村證券大樓
屹立於日本橋頭的野村證券大樓，恰好與橋同框成為這個街町的著名地標。

④ 《江戶名所圖會》：天保年間（1830～1844）由齋藤月岑所發行，內容為江戶的名勝指南與街町由來的介紹。

從側面觀察橋梁

日本橋

眾所皆知的
象徵性地標

在以陸路運輸為主的今日，大家都知道日本橋是街道的起點，卻鮮少人知曉這裡同時也是水路的起點。從航行船隻的角度來觀察這座橋，將可清楚看出海與陸地的相交點。

目前的這座橋架設於明治四十四（1911）年，屬於國有重要文化遺產。

日本國的道路元標

日本橋的橋頭處，有個道路元標複製品，表示這裡是包括國道一號等七個幹線的國道起點。

找找看，獅子在哪裡

除了橋墩主柱上有四隻巨大的狛犬風石獅，基石上面也有四隻。從船隻停泊處前方的廣場可以看得一清二楚。獅子有「水的守護神」、「捍衛入口」與「王權象徵」的涵義。

水面

海曾經離這裡更近

船隻會趁漲潮時在運河上往來航行。由於不需張帆就能行駛，即便有拱形橋墩，船隻也能暢行無礙。

去程　上游 ← 下游（靠海）　↑漲潮
漲潮時河水跟著上漲

回程　上游 → 下游（靠海）　↓退潮
退潮時河水回復原本的水位

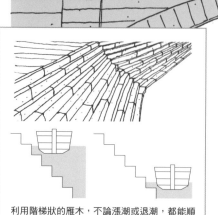

利用階梯狀的雁木，不論漲潮或退潮，都能順利的裝卸貨物。

小知識 ▶ 秋天時，這裡會舉辦「日本橋、京橋祭」，可以見到來自日本各地的祭典與舞蹈。

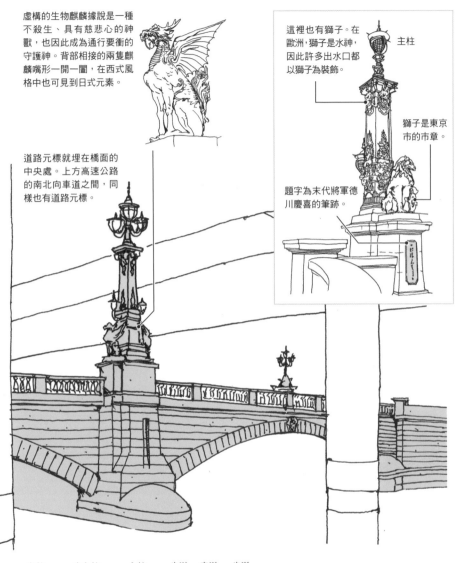

虛構的生物麒麟據說是一種不殺生、具有慈悲心的神獸，也因此成為通行要衝的守護神。背部相接的兩隻麒麟嘴形一開一闔，在西式風格中也可見到日式元素。

這裡也有獅子。在歐洲，獅子是水神，因此許多出水口都以獅子為裝飾。

主柱

獅子是東京市的市章。

題字為末代將軍德川慶喜的筆跡。

道路元標就埋在橋面的中央處。上方高速公路的南北向車道之間，同樣也有道路元標。

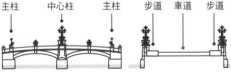

主柱　中心柱　主柱　　步道　車道　步道

從船隻的角度眺望日本橋，可以見到完整的橋體。橋的中心柱比主柱高，算是一種例外的橋梁結構。這裡是日本橋的中心點，同時也是日本的道路起點。

搬運貨物使用的是平底的高瀨舟。將貨物從停靠在東京灣的大船裝到小船上，再經由運河送進來。

高瀨舟

日本橋三越本店

棲息在玄關前的諸神

百貨公司的參觀重點有二：莊嚴的入口結構，以及挑高的中央大廳。前者的外牆裝飾所隱藏的涵義，以及後者的裝飾風藝術（42頁）設計，都十分具有看頭。一起來體驗大正時期的流行風潮吧。

水星神像
根據羅馬神話，水星（希臘神話中的荷米斯Hermes）是會帶來生意興隆的神。

金碧輝煌的文藝復興風格造型相當吸睛。建築物竣工於大正三（1914）年，其後歷經不斷的擴建與改建，昭和十（1935）年之後，這棟建築就一直保持著當時的模樣，直到今日。平成二十八（2016）年被指定為重要文化遺產。

手上所持的權杖是代表商業的標誌，同時也是一橋大學的校徽。蛇是神的使者。

石獅雕像
著名的三越石獅雕像跟建築本體一樣，同樣完工於大正三（1914）年。石獅複製自英國的特拉法加廣場，是夜視能力極佳的守護神。

挑高足足有五層樓高
以前是利用屋頂的透明天窗引進自然光。從電力消耗的角度來看，這是一種非常高效率的大型空間照明設計。

佇立於中央的天女神像，將視覺動線帶往上方（挑高處）。包括視線盡頭的燈具與柱子等等，室內的每個角落，就連細節處也都統一採用裝飾風藝術樣式處理。

管風琴是歌頌神明的必需品。

連結當時最新潮的交通工具「地鐵」，同時也是日本第一座擁有電梯設備的時髦商業建築。當時竣工的電梯，至今依舊服役中。

重複的圖紋是裝飾風藝術的特色之一。

DATA
中央区日本橋室町 1-4-1
03-3241-3311（大代表）

在嶄新的街區裡尋找魚河岸的蹤跡

日本橋室町

**以家紋與商號
傳承老店精神**

即使建築物早已換新，老店的商號卻從不曾改變。明白商號的意義之後，就能理解為何會如此命名了。首先，來找找印染著商號的暖簾吧。讓這些暖簾，帶領我們重溫魚河岸及裝卸貨物碼頭的昔日風景。

にんべん日本橋本店（柴魚片）

創業於元祿十二（1699）年。附近居民們都以「にんべん」暱稱創始人伊勢屋伊兵衛的伊字，這也正是店名的由來。90度直角是木工身上的直角尺，發音與「錢」字相近，帶有祈求生意興隆之意。

木屋本店（菜刀）

在魚市場，刀具是不可或缺的必需品。世界聞名的菜刀店木屋，本店於寬政四（1792）年落腳於日本橋。據說商號中的「木」字，是因為創始人林先生在大阪及江戶都有開店，於是將林字一分為二而來。

山本海苔店

創業於元祿三（1690）年。在梅花盛開的季節可以取得高品質的海苔，因此以梅字作為商標。

榮太樓總本鋪日本橋本店（和果子）

以金鍔餅聞名的榮太樓總本鋪，創業於文正元（1818）年。日本橋地區有不少江戶時代就有的老店，例如賣茶的山本山（元祿三〔1690〕年）、賣和紙的榛原（文化三〔1806〕年）等等，許多具歷史性的企業，都聚集在這一帶。

在「日本橋1-1-1」稍作休憩

散步走累了，不妨來這個能夠欣賞日本橋、同時喝一杯的好地方。坐在架高的露台上，還能享受沁涼的河風。

刻意將地板架高到堤防頂端，就是為了取得最好的景觀位置。這家創業於元祿十五（1702）年的老店，就位在國分集團本社大樓的一樓。

DATA
中央区日本橋1-1-1
03-3516-3111

SHINJUKU

至今依舊能夠體驗的黑市氛圍

新宿

🚇最近車站　東京地鐵丸之內線等　新宿三丁目站　B4 出口

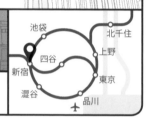

探訪站前已經繁榮發展的伊勢丹周邊及戰後開始興盛的黑市

　　散步新宿，最適合的起點就是新宿三丁目。這裡是位於甲州街道與青梅街道分叉路口的繁榮地區，自江戶時代就是個重要的根據地。京王線的起始點，也一直都在三丁目交叉口附近。

　　關東大地震之後，人們為了避開地盤脆弱的下町區域，紛紛搬遷到山手線西側的郊區。新宿就等同玄關口，看中這個地方的正是伊勢丹百貨。這棟以當時最新流行的裝飾風藝術手法興建的建築，也成為眾人憧憬的夢幻象徵。

　　有趣的是，如果伊勢丹是光明的象徵，與它共存的黑暗就是新宿了。在戰後那個渾沌的年代，新宿車站周遭聚集了許多由面寬度只有兩公尺左右的黑色小屋形成的黑市❶。昭和二十年後期，黑市這個雜亂的市場在駐日美軍的要求下解體，盛況也不復存在。如今尚且能夠重溫當時氛圍的地方，就是歌舞伎町裡的黃金街，與車站西口的回憶橫丁。

　　戰後的風化區又分成警察默認的紅線區，以及嚴格取締非法的藍線區。黃金街正好位於藍線地帶。相對於紅線區內一目瞭然的華麗娼寮，在藍線區裡就只能一切保持低說明當時建築物的構造。另一方面，新宿西口一整排的黑市消失之後，最後剩下的便是飲食街──回憶橫丁。有些店家在黑市時代土地分割❷之後依然營業至今。從入口處的門、廁所等等地方，可以比較出昔日的風化區及飲食店的相異之處。

　　而最能夠體驗戰後黑市氣氛的餐館，就是提供中華料理的上海小吃。從風林會館所夾巷道進去的南側，裡面小路錯綜複雜，這裡就是昔日的藍線區。在這片依舊保有當時樓房的小天地裡，可以找到這家超人氣的餐館。為了因應愈來愈多的客人，店裡的房間不斷擴增，感覺就像是一間間密室。在這個奇妙的空間裡，可以吃到最道地的中華美食。

---

❶ 黑市：在物資不足的情況下自然產生的市場。
❷ 土地分割：將道路或土地加以劃分。

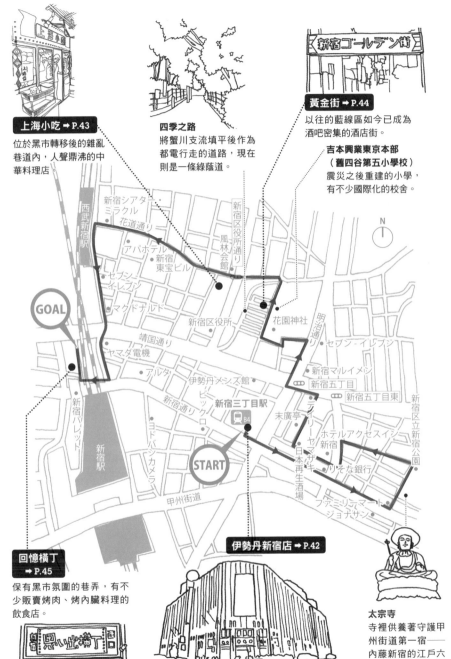

上海小吃 → P.43
位於黑市轉移後的雜亂巷道內，人聲鼎沸的中華料理店。

四季之路
將蟹川支流填平後作為都電行走的道路，現在則是一條綠蔭道。

黃金街 → P.44
以往的藍線區如今已成為酒吧密集的酒店街。

吉本興業東京本部（舊四谷第五小學校）
震災之後重建的小學，有不少國際化的校舍。

GOAL

START

回憶橫丁 → P.45
保有黑市氛圍的巷弄，有不少販賣烤肉、烤內臟料理的飲食店。

伊勢丹新宿店 → P.42
昭和八（1933）年開幕，是新宿最具代表性的百貨公司。建築本身採用的是當時流行的裝飾風藝術設計。

太宗寺
寺裡供養著守護甲州街道第一宿——內藤新宿的江戶六地藏之一。

41

找找看，不斷重複的幾何圖紋在哪裡

建造時採用了當時（昭和初期）最時髦的裝飾風藝術❶樣式。內部的賣場歷經無數改變，但外牆與樓梯依舊維持著當時的模樣（正面玄關於2013年復原）。裝飾風藝術都是些什麼樣的設計呢？大家不妨找找看吧。

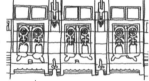

外牆
在建築物上以重複的直線與圓形構成圖樣，正是裝飾風藝術的特色。這是一種能夠在工廠中量產的設計。

看板附近有個縫隙，可以看出兩棟建築物以出入口相串連。

伊勢丹 ┤出入口├ 舊布袋屋❷

由於裝飾風藝術使用的是相同的圖案，因此大部分的設計都非常強調左右的對稱性。

玄關大廳
在堪稱門面的玄關大廳，從天花板、玻璃、燈光、門窗等等，到處都能發現富有裝飾性的匠心設計。

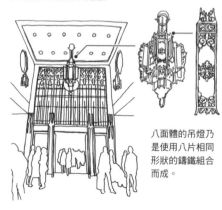

八面體的吊燈乃是使用八片相同形狀的鑄鐵組合而成。

樓梯（靠明治通一側）
通往屋頂的樓梯平台處有彩繪玻璃。圖案大多為花朵與昆蟲，但整體結構強調直線與圓，裝飾風藝術的調性十分明顯。

削切成圓形的大理石扶手匠心獨具。

由不斷重複的三種零件構成。

DATA
新宿区新宿 3-14-1
03-3352-1111

---

❶ 裝飾風藝術：1910~1940年間流行於歐美的圖樣，以幾何圖案為主、具有機能性的簡潔設計。日本在關東大地震之後也開始流行，於是裝飾風藝術也成為重建的象徵。
❷ 舊布袋屋：舊時的布袋屋百貨，後來被伊勢丹收購。

藏身於充滿異國氣氛的雜亂巷弄裡的熱門餐館

上海小吃

在靠近風林會館、錯綜複雜的巷弄裡，有一家終日熱鬧滾滾的餐館。這附近曾經是從車站前搬遷過來的黑市。在彷彿迷宮一般、充滿亞洲市場氛圍的巷弄裡，上海小吃就在這裡。

不斷增生擴張的店鋪

原本只是一間小店，店面不斷往隔壁建築擴張，終於變成今日的模樣。

擴張的部分

花園通

原本的店鋪位置

凌亂張貼的中文海報與裝飾，散發濃濃的異國氣氛。

貼滿整面牆壁的菜單。

為了因應愈來愈多的客人而擴建，不過就只是個相連的簡單空房間。

天花板上鋪著塑膠浪板，巷道內也出現了加蓋建築。

有時候會出現晾衣服或毛巾的奇景。

巷道剖面圖

店內

巷道寬約 1.4公尺

巷道裡擺放著流理台與工作桌等，廚房的準備工作就在這裡進行。

店門口的人偶是這家店的吉祥物。據說摸摸頭能帶來好運!?

麻婆豆腐、炒空心菜等
除了一般的中華料理，也有提供蛇、蠍等稀有的菜色。

炸銀絲卷
店裡的必點菜色。帶著淡淡甜味的炸銀絲卷，可以沾著菜汁吃。

DATA
新宿区歌舞伎町 1-3-10
03-3232-5909

由移轉而來的黑市形成的「黃金街」

新宿車站東口的黑市，後來搬遷到花園神社西側（現今的黃金街），但因為遠離了車站，一般生意不好做，於是慢慢演變成非法賣春的地方。在這一區散步時，不妨多注意那些曾經是娼寮的建築物。

藍線時代的店鋪範例

藍線區裡的建築物，由於巷弄狹窄，因此看不到三樓的部分，不像紅線區那般一目瞭然。

通往密室沒有樓梯，只能靠長梯子。

三樓（頂樓的密室）
狹窄的房間裡只有簡單的擺設與兩床客用寢具。

二樓
一般都作為店主人的居住空間。

一樓
從櫃檯裡幾位女性當中挑選一位。

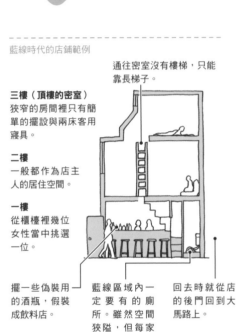

巷道寬約2公尺

擺一些偽裝用的酒瓶，假裝成飲料店。

藍線區域內一定要有的廁所。雖然空間狹隘，但每家店一定都有。

回去時就從店的後門回到大馬路上。

店鋪正門只有一張小門。不同於可以門戶大開的滑軌拉門，小門可以提高店內的隱密性。

現在的黃金街店鋪範例

店鋪面積：約3.5坪
門面寬度：約2.4公尺

店鋪面積與門面寬度都是黑市時代的產物。

建築物外形原封不動，只更動內部的隔間。一、二樓大多改成吧檯，三樓則變成儲物空間。

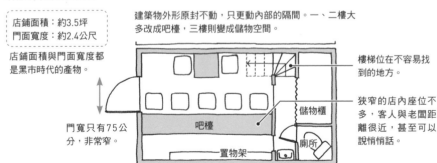

樓梯位在不容易找到的地方。

狹窄的店內座位不多，客人與老闆距離很近，甚至可以說悄悄話。

門寬只有75公分，非常窄。

儲物櫃

吧檯

廁所

置物架

保留了黑市樣貌的「回憶橫丁」

回憶橫丁

在新宿西口，這條依舊飄散著些許黑市氛圍的巷弄裡，有不少專賣內臟類的飲食店。不同於黃金街，這裡的餐飲店門口大多是拉門，店裡的狀況一覽無遺，也更能凸顯橫丁裡的熱鬧氣氛。

體驗黑市氣氛

巷道上方交纏的電線遮住視野，也因此衍生出佔用巷道的加蓋建築。

在店面烹調，透過視覺與嗅覺來吸引顧客上門。

人潮聚集在稍微遠一點的十字路口，這裡也成為橫丁的核心。

巷弄裡設有公共廁所。

開店時將拉門打開，有效利用占用的巷道空間。

巷道寬約2公尺

有些店家會把椅子搬到店門口。

以前有不少人會在鐵道旁的牆壁小便，因此這裡又稱「小便橫丁」，不過現在已經改名為「回憶橫丁」。

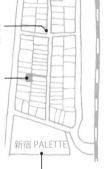

新宿 PALETTE

現在的新宿PALETTE與小田急百貨所在位置，以前也曾經是黑市。

現在的回憶橫丁店鋪範例

店鋪面積：約2.6坪
門面寬度：約2公尺

最初是在一層樓的建築裡做生意。後來增建的二樓成為住處。現在二樓的部分也都變成用餐區了。

有些地方兩家店之間甚至只隔著一片牆。這也是黑市時代的產物。

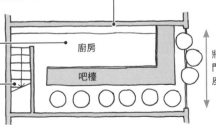

餐飲店的料理空間很重要，因此廚房會比用餐區來得寬敞。

廚房

吧檯

每家店的樓梯位置不太一樣。

將寬度1.7公尺的拉門拆掉，改成用餐座位。

店鋪沒有廁所，巷道內設有公共廁所。

SHIBUYA

熱鬧的澀谷始自山丘

澀谷

🚇最近車站　**JR 山手線等　澀谷站　八公出口**

池袋　北千住　上野　四谷　新宿　東京　澀谷　品川

從歷史與地形解讀

從澀谷車站前往任何地方，都得爬坡。這是因為澀谷車站就位在谷底。

以車站為中心，不論是通往山丘的稜線道或者是沿河而行的谷道，都是陡峭的斜坡路。換句話說，澀谷是個由丘陵、山谷與斜坡所構成的街町。

山丘上有百貨公司等大型的店鋪，山谷裡的道路街邊盡是販售琳瑯滿目商品的店家。每個小區塊都因地形而擁有不同的面貌，漫步街頭一邊解讀它們的差異性，是散步澀谷最有趣的地方。

澀谷街町的發展並非始於澀谷車站，而是源自道玄坂上的西之丘。大正二（1913）年，圓山町是個以三業地[1]而繁榮的花街。附近一帶隨著大正十二（1923）年關東大地震的重建復興，老店與名店陸續進駐，形成了百軒店百花齊放的新街町。之後由電影院、喫茶店更迭上陣，歷代經驗不斷累積，逐漸奠定了娛樂與文化的根基。

接下來，我們去看看谷道。位於河道遺跡上的中央街，是由聚集在宇田川暗渠[2]上的諸多商店所形成的繁華街區。從中找出昔日的河川遺跡，也是一大樂趣。

摩肩擦踵的人群在中央街連結山丘的坡道上來回穿梭，不同的地形與流連於各式店家的人潮，為每個坡地形塑出獨特的個性與面貌，封號更是五花八門。

街町裡流傳著各式各樣的都市傳說，流行訊息透過口耳相傳強力放送，新「商品」與新「事物」也不斷輪番上陣。另一方面，自古即有的八公忠犬故事，至今也依舊被人們傳頌著。

最後，我們去看看宇田川與澀谷川交會的谷底終點。靜默佇立於道路兩旁的飲料店散發著淡淡的戰後氣息，緩緩醞釀出昭和時代的懷舊氛圍。各位不妨在這個時間彷彿凍結了的橫丁小酌一番，為這趟街町散步之旅畫下美好的句點吧。

---

❶ 三業地：領有接待業（茶屋、遊樂相關）、料理屋（外賣）、置屋（藝妓）之營業許可證的場所。料亭隸屬於接待或料理屋。
❷ 暗渠：為了都市化或住宅化而加以填埋的河川或水道。明渠，則是未填塞的水道。

二二六事件慰靈像
所謂二二六事件，是昭和十一（1936）年陸軍青年軍官們所發起的軍事政變。據說在慰靈像前告白，便可得到這些壯志未酬身先死的青年軍官們的保佑。事件中的處刑地就在澀谷。

道祖神
轟立在間坂路旁的道祖神是男女成對的守護神，保佑著來往的行人。

NANAKO
相對於八公犬，以幸運數字七（NA-NA）加上招財貓結合而成。

飲兵衛橫丁
保有戰後黑市氛圍的飲料街。

宇田川交番
宇田川流經中央街下方。交番③就位在與支流交會的Y字交叉口。

ORGAN坂

宇田川護岸遺跡 → P.49

公園通り

西班牙坂 → P.49

西武百貨 A、B館 → P.49

N

麗鄉

東急ハンズ

PARCO（改建中）

GAP

飲兵衛橫丁 → P.50

ディズニーストア

LOFT

JR 高架橋下 → P.49

東急百貨店本店

スウォッチストア H&M

百軒店 → P.48

道玄坂二丁目

ZERO GATE

關東大地震之後，東京下町的老店群聚此地，是個有計畫性的繁華街區，至今依舊保有大正時期的浪漫主義氛圍。

マクドナルド

中央街

花階段 → P.48

牛角

ローソン

井の頭通り入口

會津 → P.51

澀谷駅前

クラブエイジア Ⓟ

ムルギー

109

START

スクランブル交差点

GOAL

隅丸建築

圓山町

良支

百軒店入口

道玄坂小路

澀谷駅

割烹ひで

道玄坂小路 → P.48

八公忠犬像
狗據說能夠驅魔，也是金錢的象徵。以前八公像是朝向北方，也許是後來改成朝向東方，地方也跟著繁榮起來。

弘法湯石碑

交番

三業通り

道玄坂上交番前

ファミリーマート

戀文橫丁遺跡（目前橫丁已不存在）
戰後為人代寫英文情書給美國大兵的商店。現在，據說將信投入這一帶的郵筒，戀愛願望就能實現。

割烹三長
當圓山町還是個繁華的花街時，就在此地經營料亭的老店。大正至昭和初期，圓山町據說有四百位左右的藝妓。

恋文横丁此処にありき

體驗大正浪漫

百軒店是由大眾的夢想堆砌而成的街町。領先潮流的欲望，以及熱愛外國電影與古典樂等娛樂需求，造就了百軒店。如今，在這裡依然可以找到舊日大正浪漫[1]的蛛絲馬跡。

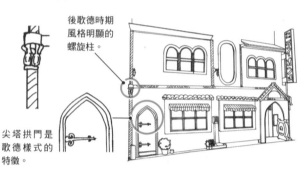

後歌德時期
風格明顯的
螺旋柱。

百軒店
名曲喫茶 LION
昭和元（1926）年創業的老店。店舖內外的裝潢設計，全由第一代店主山寺彌之助一手包辦。每個角落都能見到不同時期的風格變化，歐洲風情十足。

尖塔拱門是
歌德樣式的
特徵。

名曲喫茶LION 二樓
坐在正面朝前的座位，彷彿身處於歐洲的演奏廳。在唱片尚且屬於奢侈品的年代，讓一般大眾也能近距離接觸古典樂。

DATA
澀谷区道玄坂 2-19-13
03-3461-6858

羅馬式的半圓拱。

挑高空間裡懸掛了
水晶燈，充滿華麗
的歐風氣息。

基於對音響設備的
堅持，第一代店主
還特別去訂做。

遮雨棚的邊角呈
圓弧狀。

隅丸建築
三度空間的拋物線塊面設計，深具德國表現主義（59頁）的氣息。

連續相接的窗戶大多見
於國際化的設計。

左右對稱的圓柱是文藝
復興樣式的特徵。

大正浪漫的氛圍是由市民感覺共創而成。隨處添上的歐風元素，令人有種置身歐洲建築旁的錯覺。

花階梯
據說偏低的階梯高度是為了體恤藝妓的裙襬而設計，這條從道玄坂小路直抵百軒店的階梯，也依然維持著舊日的身影。

❶ 大正浪漫：西歐的自由思想擴及一般庶民，傳統與西歐交融而成的文化盛行的時代。

西班牙坂

日本人心目中的
地中海

透過河川來解讀坡地

雨水順著斜坡而下，流入宇田川暗渠（47頁）上的中央街。西班牙坂就是其中之一。急流之下有淤積處，人們於是聚集於此。小小的階梯與無尾巷，形成了有如地中海般的景致。

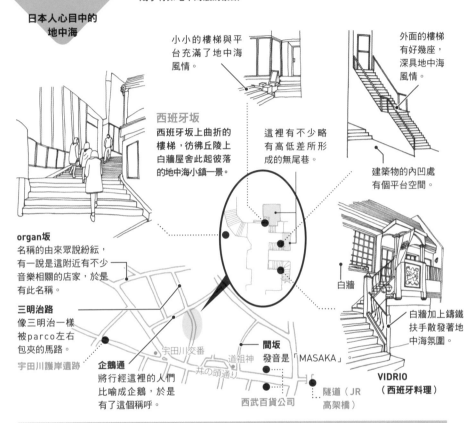

小小的樓梯與平台充滿了地中海風情。

外面的樓梯有好幾座，深具地中海風情。

西班牙坂
西班牙坂上曲折的樓梯，彷彿丘陵上白牆屋舍此起彼落的地中海小鎮一景。

這裡有不少略有高低差所形成的無尾巷。

建築物的內凹處有個平台空間。

organ坂
名稱的由來眾說紛紜，有一說是這附近有不少音樂相關的店家，於是有此名稱。

三明治路
像三明治一樣被parco左右包夾的馬路。

宇田川護岸遺跡

企鵝通
將行經這裡的人們比喻成企鵝，於是有了這個稱呼。

宇田川交番

道玄神社
井の頭通り

間坂
發音是「MASAKA」。

白牆

白牆加上鑄鐵扶手散發著地中海氛圍。

VIDRIO
（西班牙料理）

隧道（JR高架橋）

西武百貨公司

在中央街尋找暗渠

宇田川護岸遺跡
平緩的彎道是舊時河川留下的印記。

- - - - 舊時河川

護岸的遺跡。

西武百貨公司 A、B 館
由於底下有宇田川暗渠的關係，A 館與 B 館之間是透過穿廊相連而不是地下通道。

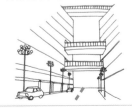

JR 高架橋下
穿越高架橋下的馬路，底下就是暗渠。從這裡往前與澀谷川暗渠交會。

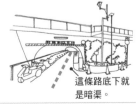

這條路底下就是暗渠。

鑽進澀谷車站附近的鐵路旁橫巷，充滿懷舊氣氛的橫丁頓時豁然開朗。融合新宿的回憶橫丁與黃金街特徵的兩大特色，正是這條橫丁最具看頭的地方。

飲兵衛橫丁

人潮最後聚集在谷底

飲兵衛橫丁

二樓的建築往外推出。

橫丁的模樣

在飲兵衛橫丁裡，既有充滿復古居酒屋風情的開放式店家，也有大門深鎖的隱密店鋪。

如同新宿的回憶橫丁（45頁），敞開拉門，室內與室外融為一體，連馬路、廣場都當成商店的一部分使用，可與路上的行人近距離接觸。

門面寬度約一間半 ❶

不經過店內，直接從外面步上二樓。

如同新宿的黃金街（44頁），從門外無法窺見店內的情況，與大馬路相隔開來，充滿了隱密的氣息。

門面寬度約一間半

具有閉鎖功能的大門將室內外分隔成兩個世界。

飲兵衛橫丁立體圖

寬度約2.5公尺的狹窄巷道。

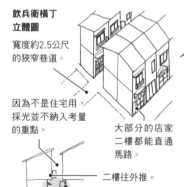

因為不是住宅用，採光並不納入考量的重點。

中間通道被當成內部空間使用。

大部分的店家二樓都能直通馬路。

二樓往外推。

招牌從左右向外突出。

參差的招牌如犬牙交錯。

中間通道

橫丁內側有一條小通道，兩側商店林立。這條通道寬度約為2.5公尺，所有店家的門面都不大，一樓的屋簷偏低，加上二樓建築物往外推，整體的閉塞窒息感格外強烈。

昔日的黑市

戰後，從黑市搬遷過來的小割❷店家非常多。這些店的門面非常窄，一看就知道是從黑市延續而來。

以木板搭建的簡陋門面。

門面寬度大約一間半。

❶ 一間半：約2.73公尺，一間約為1.82公尺。
❷ 小割：將臨街的門面寬度縮小，分割出許多相連的店家。

遺留至今的昭和氛圍，散發著令人懷念的氣息

在都市景觀急遽改變的澀谷，還是找得到充滿懷舊氣息的鄉土料理店。橫丁裡，為數不多的平屋店家不禁令人聯想到黑市。店內空間狹窄別有一番親近感，顧客們更像是老朋友一般，氣氛和樂。

會津

在這裡可以喝到會津榮川酒造的酒，品嚐鄉村風味的鄉土料理。

由排班制的媽媽桑炒熱店裡的氣氛。即使是第一次上門，也能有賓至如歸的感覺。

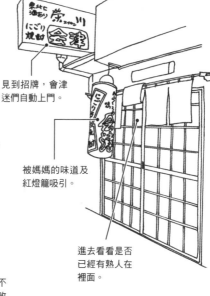

見到招牌，會津迷們自動上門。

被媽媽的味道及紅燈籠吸引。

進去看看是否已經有熟人在裡面。

店內的模樣

平屋店鋪是黑市的原型。由於店內狹窄，必須有效利用空間，所有物品都放在伸手可及的地方，老闆不需要來回奔波。

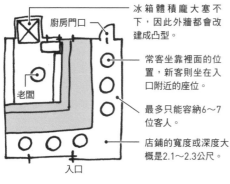

冰箱體積龐大塞不下，因此外牆都會改建成凸型。

廚房門口

老闆

入口

常客坐靠裡面的位置，新客則坐在入口附近的座位。

最多只能容納6～7位客人。

店鋪的寬度或深度大概是2.1～2.3公尺。

推薦
使用磐梯的日本名水百選釀造而成的濁酒，十分順口，大家不妨試試看。

DATA
澀谷区澀谷 1-25-9
03-3409-2300

視線與交談

客人在空間狹小的店裡比肩而坐，視線交會，話匣子一下子就打開了。

L型吧檯
大部分的居酒屋都會採用L型的吧檯，可以讓客人們的視線產生交集，交談聊天。

I型吧檯
採用I型吧檯大多是酒吧。基本上都是老闆與客人彼此交談，即使一個人也能輕鬆地在這裡喝酒。

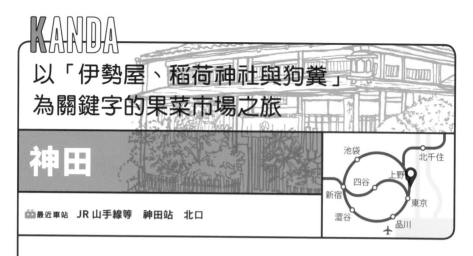

KANDA

以「伊勢屋、稻荷神社與狗糞」為關鍵字的果菜市場之旅

神田

最近車站　JR 山手線等　神田站　北口

池袋　北千住
上野
四谷
新宿　東京
澀谷
品川

於表通尋找伊勢屋，
在裏通遇見狐狸

　神田是由神田川與日本橋川包夾的江戶城下町。江戶時代的物流以水運為主，夾在兩條河之間的神田，於是也跟著江戶時代一起發跡。

　這兩條河的河岸成為重建江戶城與維護街町的資材放置場，負責處理這些資材的工人與商人於是開始搬遷到神田。町的劃分（140頁）按照工人與商人的職業詳細區分，町名也按照居民的職業而定。神田紺屋町、神田鍛治町等等，就是延續而來的町名。

　接下來，我們去保有昔日面貌的神田多町與神田須田町走一走吧。

　神田多町一帶由於靠近前述兩條河川，便於以水運運送食材，因而形成了果菜市場。這座果菜市場不僅餵飽了庶民的肚子，也一肩挑起德川幕府「御用市場」的任務。不同於現代的市場，這裡有位於表通的店家，以及錯落於裏町內的店鋪與住宅，整個街町就是由具有

內外兩種不同表情的市場所構成。俗話說江戶最多的就是「伊勢屋、稻荷神社與狗糞」，神田的表通上也有不少以伊勢屋為名的店家，裏通內也祭祀著稻荷神社。這個果菜市場從江戶初期開始經營，直到昭和三（1928）年為了關東大地震後重建，才搬遷到秋葉原。漫步於神田多町，或許還能在巷弄屋舍之間，找到果菜市場的往日蹤跡。

　神田須田町與神田多町一樣，都有果菜市場，四周圍饒著許多住宅區。明治時期之後，除了水運，陸運也開始發達，這裡成為交通要衝，靖國通一帶的街町也跟著繁榮起來，陸續出現了許多旅館、演藝場所，周遭的餐館更是人聲鼎沸，成為經商的大老闆與文人們參與演藝活動、享受美食與點心的街町。如今，還有許多老店依舊在這些造型獨特的建築裡，為眾人傳承昔日的美味，是個如同至寶的珍貴市町。

T 邸
關東大地震之後重建的建築。如今雖然只剩一棟，當時這個山坡上可是矗立著一連好幾棟房舍。

須田町裏通內隨處可見充滿江戶風情的點心店與餐館。

地勢上有高低差，屋舍與門、圍牆看起來就像是融成一體。

山本牙科醫院
診所兼住宅的看板建築。正面的裝飾十分吸睛。

竹むら → P.56

いせ源 → P.57

神田藪蕎麥 → P.57

GOAL

ニコライ堂

ほたん → P.57

神田まつや → P.57

鷹岡株式會社東京分店大樓
建於昭和十（1935）年。明治時期之後，靖國通開始因陸運而發達，鷹岡（株）在這裡就擁有好幾家衣料及服裝批發店。

豐潤稻荷神社 → P.55

榮屋MILK HALL

青果鹽榮 → P.54

松本家住宅主屋 → P.54

松尾神社 → P.55
裏町內有不少稻荷神社。松尾神社也屬於稻荷神社。

一八稻荷神社 → P.55

越後屋（豆腐店）→ P.54

START

多町大通
這條大馬路曾經是果菜市場。從隨處可見的看板建築與出桁造建築，可一窺當時的榮景。

希臘回紋
永遠的象徵圖案。雄偉的建築浮雕，依舊低訴著這條大道曾經的豐功偉業。

在表通尋找「果菜市場」的舊日身影

在果菜市場，此起彼落的「YACHA、YACHA」叫喊聲將市場氣氛炒到最高點，因此YACHA也成為果菜市場的代名詞。這座果菜市場從江戶時代就開始營業，直到發生了關東大地震。探訪這些看板建築與出桁造建築，彷彿穿越了時空，來到昔日的果菜市場。

越後屋（豆腐店）

創業於明治末期，也曾經是市場茶屋。當時的市場茶屋，具有將市場採買的貨物集結之後配送的特權。這也成為此地曾為果菜市場的證明。

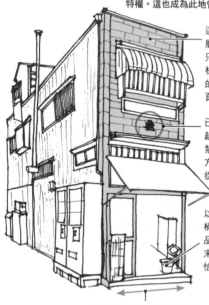

這棟看板建築是三層樓的木造建築。只有正面葺有銅板，而且是較簡潔的一文字葺（172頁）。

已經破損，只留下越後屋的字跡，不禁令人好奇，書寫方向是從左還是從右？

以木桶製作的木桶豆腐是招牌商品。混入打成粉末的海藻，鹹味恰到好處。

青果鹽榮

建於昭和二（1927）年的看板建築，依舊保有果菜市場的氛圍。曾經是蔬果店兼市場茶屋的代表，目前已經歇業了。

門面寬度1.5間（約2.7公尺），相當窄小。這種狹窄的寬度傳承自江戶時代的土地分割制度。

松本家住宅主屋

建於昭和六（1931）年，為木造的三層樓出桁造建築。這裡原本是蔬果店兼住宅，店號為伊勢長。江戶有許多來自伊勢的商人，因此不少店家都會在店號中加入伊勢二字。

出桁造建築是震災前的建築樣式。在果菜市場時代，這裡有許多這樣的建築。

這棟建於昭和初期、葺有銅板的看板建築，創業年代也十分古老。與果菜市場時期關係密切的老店。

老一輩以蕎麥麵店起家時使用的店號為「榮屋」。

榮屋 MILK HALL

創業於昭和二十（1945）年。戰後由於蕎麥麵的食材取得不易，因此改以食堂的方式經營。不論是之前的輕食喫茶或之後以販賣拉麵為主的食堂，老店依舊屹立不搖。

神田多町裏道

尋找狐狸

神明住在裏通內

「伊勢屋、稻荷神社與狗糞」是形容江戶町街景象的俗語。在這個街町裡，表面上有許多名為伊勢的店家，裏通內則有為數眾多的稻荷神社，祈求果菜市場的平安與繁榮。分散四處的稻荷神社，各自顯示著與町內的關係。

懸魚（建築裝飾）上有著狐狸圖案的浮雕，表示這裡是稻荷神社。

松尾神社

這裡祭祀的是京都松尾神社的大山咋神分身，但因為有狐狸圖案的浮雕，可知此處曾經是稻荷神社，祭祀的神明是「宇迦之御魂命」。

捐獻者的刻字當中有「伊勢萬」、「伊勢秋」等，可見當時表通上以伊勢為店名的商家數量之多。

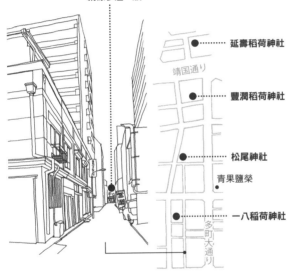

裏道的巷尾有松尾神社，整條路就像參道一般。

● …… 延壽稻荷神社

靖国通り

● …… 豐潤稻荷神社

● …… 松尾神社

青果鹽榮

● …… 一八稻荷神社

多町大通り

等距離相隔的稻荷神社是屬於每個町內的組稻荷，而非個人的屋敷稻荷❶（117頁）。

此外，還有和光稻荷、真德稻荷等，數量之多都能來個稻荷神社之旅了。

一八稻荷神社
帶有一與八的日子為開市日，因而有此稱號。

豐潤稻荷神社
這是大正時代市場相關行業者與町內居民所祭拜的守護神。

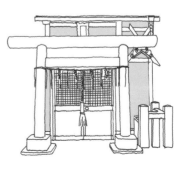

❶ 屋敷稻荷：守護住家的神明，類似地基主。

55

神田須田町

延續傳統風情的老鋪

神田裡的懷舊氣氛老店

為了滿足靖國通的商人及住在高台豪宅的人們的口腹之欲，這裡出現了許多餐館與點心舖。它們逃過了空襲的摧殘，將昭和的氣氛延續到今日。

竹むら

昭和五（1930）年創業至今，不曾改變容貌的歇山式屋頂建築，獲選為東京歷史建築物。

DATA
千代田区神田須田町1-19
03-3251-2328

毛玻璃的發想來自於障子門上的和紙。要凸顯日式風格，一定要使用毛玻璃。

組子❶的設計與障子門❷相同。

這家點心店賣的炸饅頭，外層的麵衣與內餡滋味融洽。

尋找老店，一定要注意暖簾與看板（行燈）

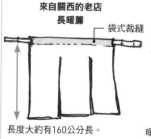

**來自關西的老店
長暖簾**

袋式裁縫

長度大約有160公分長。

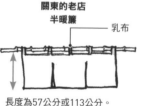

**關東的老店
半暖簾**

乳布

長度為57公分或113公分。

暖簾會依照季節更換，夏天使用染黑字的白色麻布，冬天則是印有白字的藍底木棉布。

行燈是裡面有地方可以點火照明的一種招牌。具有這種江戶時代風格招牌的店家，大多是老店。

---

❶ 組子：隔間門上的細部零件，外框稱為棧。（即以細木裝飾的日式窗花）
❷ 和式房隔間用的糊紙木製拉門。

56

從行燈判別老店

神田有不少提供美食的餐館。在這裡可以找到同時傳承了美食與店面結構、充滿江戶風情的名店。即便建築外觀改變了，不少店家依然保留了傳統的暖簾、行燈或看板。將焦點鎖定在行燈，挖掘江戶風情的老店，也是一種樂趣。

いせ源

建於昭和五（1930）年。歇山式屋頂建築加上垂簾與好幾個看板，令人印象深刻。

這裡的鮟鱇魚鍋並非味噌鍋，而是以柴魚加上醬油來為鮟鱇魚提味。

神田藪蕎麥

創業於明治十三（1880）年。建於大正時代的店鋪因火災燒燬，當時殘存的行燈至今依舊還在使用。

天婦羅麵裡的天婦羅是炸芝蝦。

ぼたん

創業於明治三十（1897）年左右的「雞肉壽喜燒」店。建築物本身是明治初期的建築，古老的窗玻璃裡搖曳的燈火十分美麗。

牡丹花

外牆為日式的木板圍牆，為了防火於是塗上一層砂漿。從窗框與扶手可以看出這裡採用了茶室風建築的設計。

神田まつや

創業於明治十七（1884）年，這座町家風格的店鋪建於大正四（1915）年，除了行燈、暖簾同樣也充滿了江戶風情。

醋橘湯麵、芝麻沾醬等等，都是在傳統中加入新創意的口味。

上野恩賜公園的近代建築與市中心裡的歐風建築比一比

上野

池袋　北千住　上野　四谷　新宿　東京　澀谷　品川

最近車站 JR 山手線等　上野站　公園口

學會分辨明治、大正、昭和近代建築的相異之處

原本為了避開江戶城的鬼門而興建的寬永寺，為了迎接明治時代，加上荷蘭軍醫博杜恩（Anthonius Franciscus Bauduin）的建議，於是變身成為日本的第一座公園。之後又陸續設立了博物館、美術館、圖書館等公共設施，上野恩賜公園於是成為能夠一窺明治、大正、戰前、戰後與近代建築歷史演進的地方。

不同年代的建築物，不論結構、使用的材質、設計皆大相逕庭，掌握箇中差異的關鍵點，就很容易分辨出建築物的建造年代了。明治、大正、昭和時代建築匯聚一堂的上野恩賜公園，正是學習分辨的最佳場所。在這裡獲得的關鍵知識，將可成為漫步街町時的最佳利器。

先看看東京藝術大學的紅磚1、2號館吧。紅磚瓦建築厚達50公分的牆壁，開口處的上端呈拱形，這應該是明治時代的作品。

大正末期到昭和時期廣為流行的是溝面磚（32頁）。見到溝面磚，就可推斷該建築是屬於這個年代。

在戰前這個戰事炙熱的年代，西式的建築當中可以看到特意強調的日本風格，東京國立博物館就是其中之一。

到了戰後，席捲全世界的摩登建築登場。柯比意[1]採用了鋼筋水泥，地板、梁柱、樓梯搖身成為建築物的主角，壁面也能夠自由發揮，大大改變了建築物的既定外觀。

另外還有一個不可忽略的，就是市中心區域為了服務庶民而建的西式建築。這些作為醫療、教育用途的建築，隨處可見的西式設計巧思，直至今日依然是眾人的矚目焦點。

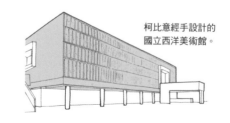

柯比意經手設計的國立西洋美術館。

[1] 柯比意：提倡「近代建築五原則」，對現代建築有極大影響力的建築師。

可推斷為昭和初期建築

黑田紀念館 → P.61

依照日本近代西畫之
父黑田清輝的遺言興
建的美術館。

可推斷為明治時代建築

**東京藝術大學
紅磚 1 號館 → P.60**

東京都內最古老的紅磚建
築。採用「堆砌」方式的紅
磚乃是明治時代的建築物。

東京國立博物館 表慶館 → P.60

明治時代的代表性建築
（新巴洛克風）。

面對戰後的摩登建築

國立西洋美術館 → P.63

近代建築鼻祖柯比意的建築作
品。一樓只靠柱子支撐的底層
架空（les pilotis）設計是最
大特色。

東京文化館 → P.63

柯比意的徒弟前川國男的建
築作品。可以看到開放式的
水泥外牆。

**黑澤大樓
（舊小川眼科）→ P.65**

取經自德國表現主義[2]
的建築。小川三知
（79頁）的彩繪玻璃
是必看重點。

有條紋狀的溝面
磚，表示這是昭
和時期的建築。

同時容納明治、
昭和、平成時期
的建築

**國立國會圖書館
國際兒童圖書館 → P.61**

東京國立博物館 本館 → P.62

西式的建築主體加上帝冠樣式的
日式瓦片屋頂，屬於戰爭時期的
建築樣式。

國立科學博物館 → P.64

從上方鳥瞰，整座建築彷彿
一架飛機。昭和初期，飛機
是尖端科學的象徵。

O 邸 → P.65

在日式建築的外牆
貼上銅板，增添西
式風情，是相當罕
見的建築。

比留間牙科醫院 → P.65

三角形屋頂與橫向的木
板牆，加上葺有銅板的
洋房，是相當典型的醫
院造型。

黑門小學 → P.65

重建於昭和五（1930）年的小學。

泰楽堂
東京都美術館
東照宮
清水観音堂
不忍池
京成上野駅
御徒町駅
アメ横
台東区役所
上野駅
START
GOAL
N

這裡開始就是
市中心。

② 德國表現主義：第一次世界大戰後，於德語區興起的藝術運動。主要特色是利用鋼筋水泥來表達自由的形態，並且使用大量的拋
物線。

分辨明治時期建築的三個重點

紅磚建築並非只存在於明治時代。一直到平成時代，紅磚依舊是受到熱愛的建築材料。因此，要判斷明治時代的建築，不妨掌握①外牆的厚度、②開口部上端的形狀、③紅磚的大小等三個重點。

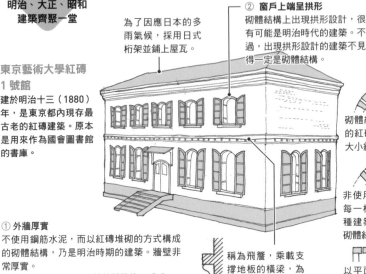

為了因應日本的多雨氣候，採用日式桁架並鋪上屋瓦。

② 窗戶上端呈拱形
砌體結構上出現拱形設計，很有可能是明治時代的建築。不過，出現拱形設計的建築不見得一定是砌體結構。

拱形

砌體結構會使用梯形的紅磚，讓每一格的大小維持均等。

非使用梯形紅磚造成每一格大小不一，這種建築大多稱不上是砌體結構。

以平面堆積的紅磚容易脫落，一般來說並不屬於砌體結構。

東京藝術大學紅磚1號館
建於明治十三（1880）年，是東京都內現存最古老的紅磚建築。原本是用來作為國會圖書館的書庫。

① 外牆厚實
不使用鋼筋水泥，而以紅磚堆砌的方式構成的砌體結構，乃是明治時期的建築。牆壁非常厚實。

一樓的外牆約50公分
二樓的外牆約40公分

稱為飛簷，乘載支撐地板的橫梁，為樓層的交界處。

透過窗戶或開口部可以測得牆壁的厚度。

外牆採用英式砌法（以一層丁面、一層順面的方式堆砌）。

門柱為法式砌法（每層紅磚皆以丁面及順面交互排列）。

③ 測量紅磚的大小

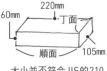
220mm
60mm
丁面
順面
105mm

大小並不符合JIS的210X100X60（mm）規格，可見這是舊紅磚。

東京國立博物館 表慶館
這是為了慶賀大正天皇成婚而建的建築物，竣工於明治四十一（1908）年，為紅磚建築，貼石板牆面。設計師是宮廷建築師片山東熊，赤坂離宮也是他的作品。

紅磚建築主體（128頁）上貼了石板，壁面厚實。石造的建築堪稱西方樣式建築中的佼佼者。

當時流行鎮宅石獅嘴巴一張（右）一合（左）。

採用雙圓柱❶的設計，屬於新巴洛克樣式。

雙圓柱

風行於大正、昭和時代的溝面磚

進入大正時期，開始流行以鋼鐵與水泥打造建築物，要建造平屋頂變得更容易了。紅磚、石材、磁磚成為貼在外牆的裝飾物，壁面變得更薄，大約在30公分以下。關東大地震之後開始流行溝面磚（32頁），建築物上若是出現這種溝面磚，便可稱之為昭和初期的重建建築。

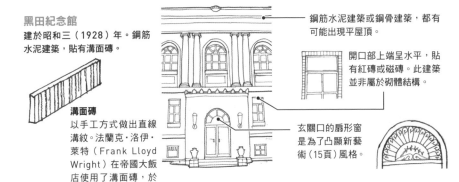

黑田紀念館
建於昭和三（1928）年。鋼筋水泥建築，貼有溝面磚。

溝面磚
以手工方式做出直線溝紋。法蘭克‧洛伊‧萊特（Frank Lloyd Wright）在帝國大飯店使用了溝面磚，於是開始流行。

鋼筋水泥建築或鋼骨建築，都有可能出現平屋頂。

開口部上端呈水平，貼有紅磚或磁磚。此建築並非屬於砌體結構。

玄關口的扇形窗是為了凸顯新藝術（15頁）風格。

結合三個時代的混合式建築

建於明治時期的部分為砌體結構，昭和時期的是鋼筋水泥結構，玻璃帷幕結構是建於平成時期。這一棟集結了三個年代建築特色的建築物，目前作為兒童書籍專門圖書館使用。

國立國會圖書館 國際兒童圖書館

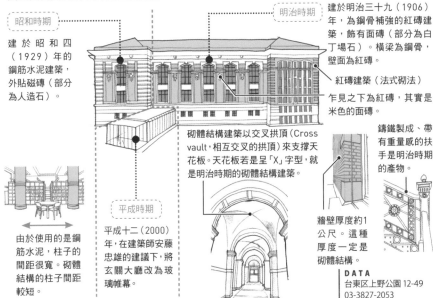

昭和時期

建於昭和四（1929）年的鋼筋水泥建築，外貼磁磚（部分為人造石）。

明治時期

建於明治三十九（1906）年，為鋼骨補強的紅磚建築，飾有面磚（部分為白丁場石）。橫梁為鋼骨，壁面為紅磚。

紅磚建築（法式砌法）
乍見之下為紅磚，其實是米色的面磚。

鑄鐵製成、帶有重量感的扶手是明治時期的產物。

由於使用的是鋼筋水泥，柱子的間距很寬。砌體結構的柱子間距較短。

平成時期

平成十二（2000）年，在建築師安藤忠雄的建議下，將玄關大廳改為玻璃帷幕。

砌體結構建築以交叉拱頂（Cross vault，相互交叉的拱頂）來支撐天花板。天花板若是呈「X」字型，就是明治時期的砌體結構建築。

牆壁厚度約1公尺。這種厚度一定是砌體結構。

DATA
台東区上野公園 12-49
03-3827-2053

看看那些軍靴踏步聲正響亮時期的建築

在漫天烽火的昭和一〇年代（1935～1944），面對歐洲列強，日本也出現了歌頌日本獨立性的建築。這些建築被戲稱為「西式長禮服搭配日本武士髮髻」。我們一起來看看，在西式建築主體戴上日式頭冠的東京國立博物館本館吧。

東京國立博物館 本館

建於昭和十二（1937）年的鋼骨鋼筋水泥建築。設計者為同樣設計了舊服部鐘錶店（現在的和光）的渡邊仁。

DATA
台東区上野公園 13-9
03-5777-8600（ハローダイヤル）

頭上戴著象徵日本的屋頂，因此稱為帝冠樣式。

玄關處設有門廊是歐式建築的特色。

捨棄西式建築中常見的平屋頂或圓頂，改以本瓦葺❶的人字形屋頂加上造型簡潔的窗戶及椽木來凸顯和風。

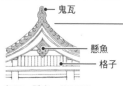

鬼瓦
懸魚
格子

鬼瓦、懸魚、格子連成一直線，營造出「日式」氛圍。

門廊
以列柱支撐屋頂的長廊。

鬼瓦
總計有33片。33意指觀音菩薩會化成33種姿態普渡眾生。

內部

採用巴洛克樣式❷的樓梯上隨處可見的日本及亞洲圖騰，用以強調自身是威望不輸西洋的亞洲盟主。

方格天花板天窗
寺廟及武士住宅等地位較高的屋舍，都會有方格天花板的設計。

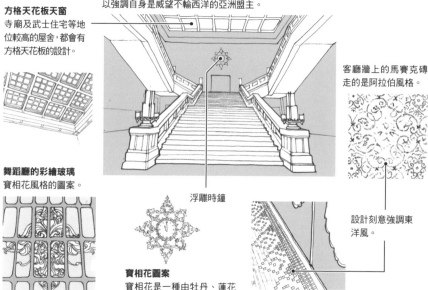

客廳牆上的馬賽克磚走的是阿拉伯風格。

舞蹈廳的彩繪玻璃
寶相花風格的圖案。

浮雕時鐘

設計刻意強調東洋風。

寶相花圖案
寶相花是一種由牡丹、蓮花等混合而成的虛構花卉。

地板上有馬賽克磁磚。

---

❶ 本瓦葺：板瓦與筒瓦交疊的葺法。
❷ 巴洛克樣式：1590年由義大利開始盛行的一種風格。巴洛克一字具有「歪斜的珍珠」之意，而凹凸的曲線或橢圓等不規則的輪廓即是巴洛克樣式的最大特色。

專為市民打造的現代建築

柯比意與學生前川國男所設計的建築兩相對峙。兩者的共同特色就是善用自然的素材與底層架空（支撐建築物的獨立柱齊列的開放空間）。多注意那些簡潔的設計重點及具功能性的空間，便可清楚了解什麼是為市民而建的現代化建築了。

國立西洋美術館

建於昭和三十四（1959）年，是柯比意在日本國內唯一的建築作品。這座鋼筋水泥建築物，是近代建築的先驅。平成二十八（2016）年登錄為世界遺產。

天然的石材會因為天候的關係而呈現出不同的質感。例如強光下會形成陰影，被雨水濡濕而泛黑的建築則別有一番穩重感。

鑲入石粒的石板　　　　清水模

只使用鑲入石粒的石板與清水模完成的簡潔外觀，不具以往的威權感。完全是為了市民而蓋的建築物。

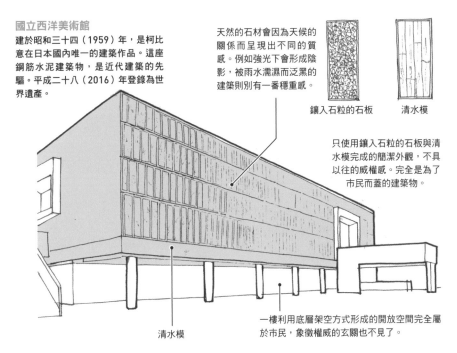

清水模

一樓利用底層架空方式形成的開放空間完全屬於市民，象徵權威的玄關也不見了。

東京文化會館

建於昭和三十六（1961）年的鋼筋水泥建築，由柯比意的學生前川國男設計。可以從中窺見其師尊的思想與概念。

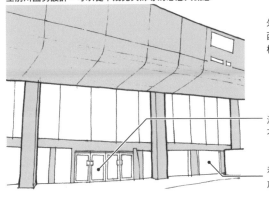

外牆幾乎都是清水模（118頁）。與國立西洋美術館一樣採用清水模與鑲石粒的石板，再加上玻璃帷幕。

清晰透明的玻璃入口，完全不具權威感。

利用底層架空方式形成的開放大廳是為市民而設計。

從上空鳥瞰可發現奇妙的飛機造型

這是一棟建於昭和初期、以少年們所憧憬的飛機為設計藍圖的博物館。飛機的機頭、兩翼的頂點，以及等同駕駛艙的位置，都可以見到許多設計者的創意。漫步其間時，也可以一邊想像所到之處等同飛機的什麼部位唷。

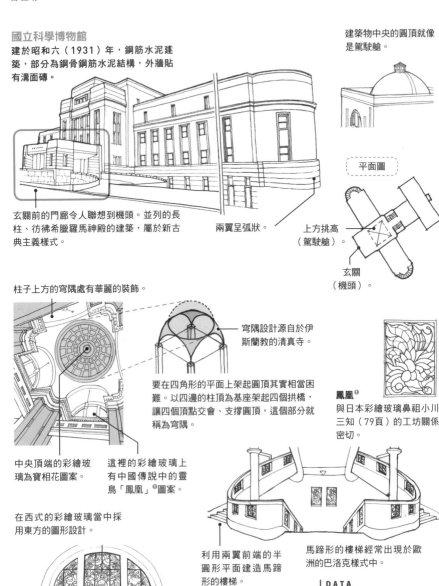

國立科學博物館
建於昭和六（1931）年，鋼筋水泥建築，部分為鋼骨鋼筋水泥結構，外牆貼有溝面磚。

建築物中央的圓頂就像是駕駛艙。

玄關前的門廊令人聯想到機頭。並列的長柱、彷彿希臘羅馬神殿的建築，屬於新古典主義樣式。

兩翼呈弧狀。

平面圖

上方挑高（駕駛艙）。

玄關（機頭）。

柱子上方的穹隅處有華麗的裝飾。

穹隅設計源自於伊斯蘭教的清真寺。

要在四角形的平面上架起圓頂其實相當困難。以四邊的柱頂為基座架起四個拱橋，讓四個頂點交會、支撐圓頂，這個部分就稱為穹隅。

鳳凰[1]
與日本彩繪玻璃鼻祖小川三知（79頁）的工坊關係密切。

中央頂端的彩繪玻璃為寶相花圖案。

這裡的彩繪玻璃上有中國傳說中的靈鳥「鳳凰」[1]圖案。

在西式的彩繪玻璃當中採用東方的圖形設計。

利用兩翼前端的半圓形平面建造馬蹄形的樓梯。

馬蹄形的樓梯經常出現於歐洲的巴洛克樣式中。

DATA
台東区上野公園 7-20
03-5777-8600（ハローダイヤル）

● 鳳凰：四祥瑞之一，象徵偉大的智慧，是最適合身為科學殿堂的博物館之表徵。

在街町裡找尋西洋的身影！

在上野地區的街町裡，可以見到關東大地震之後的重建建築。昭和時代的庶民由於深受大正時期摩登風氣的薰陶，對歐美抱有無比憧憬，因此隨著災後重建工程，帶有庶民風格的西式建築也應運而生。

**黑澤大樓
（舊小川眼科）**

這棟建築的第一位主人小川劍三郎，於關東大地震發生後第五天開始恢復看診，成為受災戶的堅強後盾。現在的建築物建於昭和四（1929）年。

DATA
台東区上野 2-11-6
03-3835-1011

尖頂拱窗為歌德式。

半橢圓形的遮雨棚，乃是受到德國表現主義的摩登設計之影響。

彩繪玻璃

這裡裝飾著小川劍三郎的哥哥——小川三知的彩繪玻璃。三知是從美國引進彩繪玻璃技法的第一人。

不同於外國的彩繪玻璃，日本的製品具有獨特而明顯的世界觀。

不少作品都是從障子門獲得靈感。

所謂市民感的西式建築是在重點處裝飾了西式的設計。

拱形窗帶有西式氣息。

建築物的邊角呈弧形，半橢圓形的窗戶取自德國的表現主義。

黑門小學

這是建於昭和五（1930）年的重建小學。玄關走的是裝飾風藝術（42頁）。校舍的四個面採用不同的設計風格。小學早在明治時期就使用桌椅，西洋化的企圖十分明顯。

○邸

這種日式建築在外牆鋪上銅板，除了讓房子看起來西式氣味濃厚，牆壁也具有防火的功能。

脊飾

集三角屋頂、脊飾、雨淋板、上下疊窗於一身，貨真價實的木造洋房。

比留間牙科醫院

建於昭和四（1929）年。深綠色的銅板與白色的窗框相互輝映。這是自行構思的設計。

銅板是為了防火的作用。一般都是使用木板。

關東大地震之後重建的橋梁

關東大地震之後重建的除了建築物，也包括一些公共設施。快速邁入近代化的日本，從西歐引進當時最尖端的技術與樣式，重建的橋梁就是其中之一，從主柱的不同設計，就能明顯看出設計者的巧思。

主柱不單單只有裝飾作用，還具有指標的功能。以漢字書寫橋名的那一側，原則上就是道路的起點。

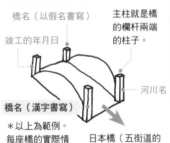

橋名（以假名書寫）

竣工的年月日

主柱就是橋的欄杆兩端的柱子。

河川名

橋名（漢字書寫）

＊以上為範例。每座橋的實際情況略有不同。

日本橋（五街道的起點）

新橋（港區）

透過擬人化的方式，像人體模型一樣劃分成「頭部、腹部、腰部」，就更簡單易懂了。

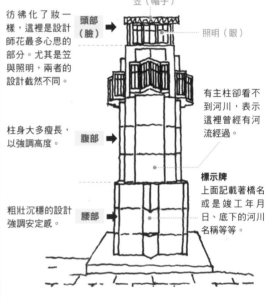

笠（帽子）

頭部（臉） ➡

照明（眼）

彷彿化了妝一樣，這裡是設計師花最多心思的部分。尤其是笠與照明，兩者的設計截然不同。

有主柱卻看不到河川，表示這裡曾經有河流經過。

柱身大多瘦長，以強調高度。

腹部 ➡

標示牌
上面記載著橋名或是竣工年月日、底下的河川名稱等等。

粗壯沉穩的設計強調安定感。

腰部 ➡

廄橋（台東區　墨田區）

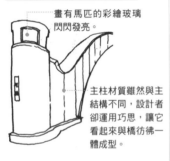

畫有馬匹的彩繪玻璃閃閃發亮。

主柱材質雖然與主結構不同，設計者卻運用巧思，讓它看起來與橋彷彿一體成型。

兩國橋（中央區　墨田區）

也有類似超現實主義的設計。

萬世橋（千代田區）

基本上採取擬人化的造型，數量也最多。

頭部

腹部

整體走西風設計，但頭部戴著像燈籠的帽子，以增添日式氣息。

腰部

山之手

只逛大街並無法窺見品川全貌

品川

🚶 最近車站　**京濱急行電鐵本線　北品川站**

宿場建築傾訴著往日歷史，
從富士塚與碼頭一睹江戶之境

　　江戶時期的東海道第一宿——品川宿❶，就位於現今的品川。當時的品川宿，前方就是品川灣，街道沿途上有眾多的寺廟與遊女屋❷，當中則夾雜著如今已成為老店的商家。這是個與漁業一同興盛的宿場町。

　　漫遊這個街町，要掌握的關鍵字就是「邊境」。品川裡有兩大交界邊境，一個是河與海的交界之境，另一個則是江戶市與郊外的交界之境。在河與海的交界邊境處有船隻停泊的碼頭，在這裡可以見到昔日的漁村風景。

　　另一方面，江戶市與郊區之邊境處則是寺院林立，主要街道口的宿場町內有六地藏、妓院、祭拜妓女的首塚、富士塚等。這些都是位於市區與郊區交界要衝的第一宿的必備去處。

　　街町漫步的起點就在北品川站。首先，我們稍微遠離舊街道，往碼頭的方向前進。在江戶時代，這個碼頭是靠河而非靠海。船隻為了躲避海上的強浪，於是將船停靠在目黑川河口。人們認為河口沙洲的頂端處具有靈力，在這裡可以見到依然傳承著這個傳說的利田神社。

　　回到舊街道，稍微走一段路，可以發現不少磚造或出桁造建築的町家❸，或是看板建築的商店。這些都是大正、昭和時期流行的店鋪形式，供應塌塌米店、木屐鞋店、妓院等的平日生活所需。從江戶時代經營至今的老店，大多維持著原有的店面形式。

　　町內的寺廟，全都是磚造建築。紅磚是明治時代非常流行的建築材料。從明治中期開始，目黑川沿岸開始陸續出現製造紅磚的工廠，紅磚也因此大為流行。

　　此外，舊街道沿路上可以見到許多從江戶、明治時代經營至今的點心老店，除了繼續傳承宿場町的氛圍，也讓今人得以品嚐到當時旅人們嘴裡的甜蜜滋味。

❶ 品川宿：驛站　　❸ 町家：住商混合的木造建築
❷ 遊女屋：妓院

浮游於河口處的碼頭風光

江戶時代，目黑川的河口處是漁船停泊的碼頭。風平浪靜的河口，非常適合作為碼頭使用。此外，自古人們篤信海岬或三角洲的頂點具有靈力，因此在這裡蓋了神社祭祀。

碼頭

為什麼會有私人的棧橋呢？

海岬或三角洲的頂點，是陸地與海洋的分界處。相對於人類居住的陸地，無人居住的海洋便是神明的領域。在這個人神交界的尖端處，於是建起了神社。

河的末端成了現在的碼頭

現在的碼頭

目黑川遺跡

目黑川如今已經被填平，在河川延伸的尾端處，至今還保留著碼頭。

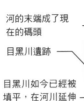

利田神社

■：江戶時代的陸地
░：被填平的地區

江戶時代的風景

利田神社。燈籠放射的光芒成為河口的指引。

目黑川河口

船隻停泊於此。

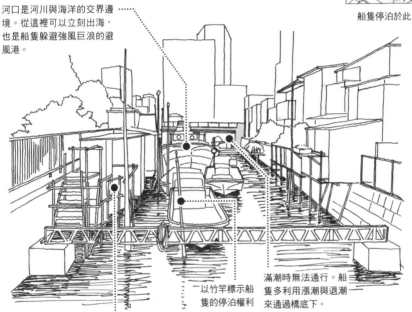

河口是河川與海洋的交界邊境。從這裡可以立刻出海，也是船隻躲避強風巨浪的避風港。

一以竹竿標示船隻的停泊權利

滿潮時無法通行。船隻多利用漲潮與退潮來通過橋底下。

以前的人們習慣將私有地寬度內的水面納為己用，公有的河川於是出現了私人的棧橋。

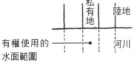

有權使用的水面範圍

私有地　陸地

河川

利田神社

以前這裡曾經是河口三角洲的尖端，寬永三（1626）年安奉了大海的守護神弁財天，碼頭也因此受到靈力的庇佑。

鯨塚

位於利田神社內，祭祀江戶時代迷途誤入品川外灘的鯨魚。

掌握三個關鍵點
飽覽街道景致

分辨街頭上的江戶、明治、大正與昭和時期

隨著時間的累積，宿場町也聚集了各種要素於一身，整個街町的分布呈馬賽克狀。我們將街道做個總整理，從寺廟神社、紅磚與店家結構這三個關鍵點切入，劃分出江戶、大正、明治與昭和時期。

往NIPPON PAINT
↑明治紀念館 Ⓜ

清光院 奧平家墓地 ……Ⓔ

天龍寺的紅磚牆 ……Ⓜ

海藏寺 頭痛塚 ……

願行寺 縛地藏 ……Ⓔ
承應元（1652）年

竹內醫院
具有象徵東洋醫學的建築外觀。建於明治四十五（1912）年。

南品川四丁目

南品川五丁目　第一京浜

稻垣商店・零食雜貨店
店鋪與對面的神社，兩者的空間合而為一。

富田屋工業所
青波堂木庭印房

藤森海苔店

松岡書店 ……

青物横丁駅

GOAL
Ⓔ 品川寺 銅造地藏尊 Ⓢ

ヤマザキ
サンロイヤル　　旧 東海道

Ⓢ Ⓢ

江戶時代的石垣
為當時海岸線的堤防。

Ⓔ 江戶時代

江戶時代的宿場町，會有神聖的寺廟神社與世俗的妓院。只要有六地藏、遊女塚、鏝繪❶等出現，一定是屬於江戶時代。

品川寺 銅造地藏尊
地藏是掌管邊境的神明。六地藏就祭祀於六街道口。竣工於寶永五（1708）年。

善福寺
這裡的牆上有伊豆長八的鏝繪作品。繪於安政七（1860）年。

海藏寺 頭痛塚
頭痛塚內祭祀的是妓女。位於江戶邊緣的宿場內都會有妓院。建於寶永五（1708）年。

Ⓜ 明治時代

關鍵重點是紅磚。明治時代的工廠建築，一定會有紅磚。工廠以外的建築也會使用。

NIPPON PAINT 明治紀念館
明治二〇年代，目黑川一帶因為工廠林立而繁榮。從這座明治紀念館，可以一窺當時的榮景。

明治二十（1887）年，紅磚工廠從深川搬遷至此處。

法禪寺
門牆上的部分紅磚上，還留有明治時代的刻印。

❶ 以吉祥物為主題的牆繪浮雕。

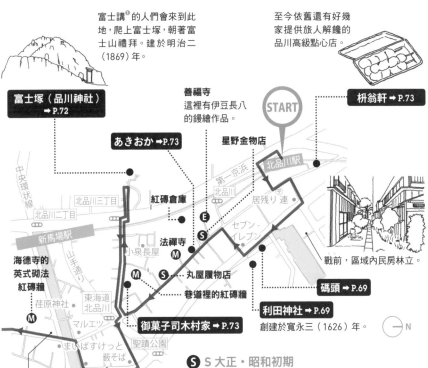

富士講[1]的人們會來到此地，爬上富士塚，朝著富士山禮拜。建於明治二（1869）年。

至今依舊還有好幾家提供旅人解饞的品川高級點心店。

富士塚（品川神社） →P.72

善福寺
這裡有伊豆長八的鏝繪作品。

枡翁軒 →P.73

あきおか →P.73

星野金物店

START

北品川駅

第一京浜
北品川

居残り連

中央環狀線

北品川三丁目

北品川二丁目

紅磚倉庫

E

セブン-イレブン

新馬場駅

法禪寺

M

戰前，區域內民房林立。

海德寺的英式砌法紅磚牆

山手通り

小泉長屋

M

S

丸屋履物店

巷道裡的紅磚牆

荏原神社

東海道
北品川

御菓子司木村家 →P.73

M

利田神社 →P.69

碼頭 →P.69

創建於寬永三（1626）年。

N

まいばすけっと

薮そば

聖蹟公園

マルエツ

北浜三社稻荷

舊派出所

E

寄木神社
這裡有伊豆長八的鏝繪作品，年代不詳。

裝飾風藝術（42頁）風格的派出所是震災之後的重建建築。

S 大正・昭和初期

關東大地震前後開始流行出桁造、看板建築。具有這樣的外形、年代久遠的建築，多為大正、昭和時代的店鋪構造。

巷弄裡的紅磚牆
紅磚採用的是法式砌法（60頁）。這是明治初期相當常見的砌法。

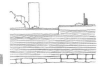

天龍寺的紅磚牆
採用英式砌法（60頁）。明治中期開始流行的砌法。

松岡榻榻米店
建於大正六（1917）年，創業於安永八（1779）年。

星野金物店
建於昭和初期，創業於明治十五（1882）年。

富田屋工業所
建於大正七（1918）年，創業於明治二十七（1894）年。

丸屋履物店
建於大正初期，創業於慶應元（1865）年。

[1] 富士講：盛行於江戶時代、崇尚富士山的信仰集團。

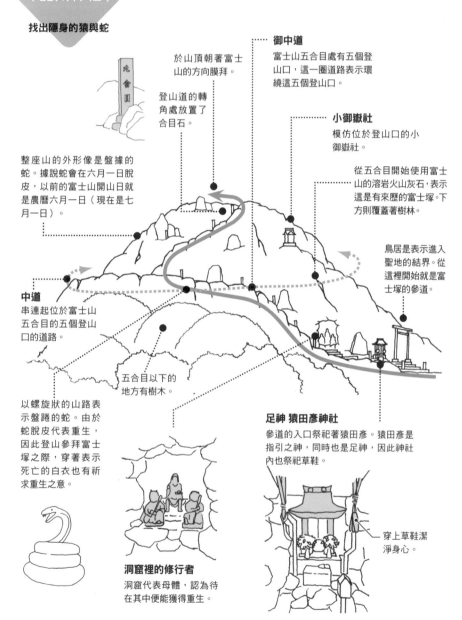

富士塚（品川神社）

找出隱身的猿與蛇

富士塚是小型的富士山

品川神社裡的富士塚，是模擬富士山的小山。江戶時代信奉富士山的風氣十分興盛，各地都有類似富士山的土丘，讓人登高參拜。

於山頂朝著富士山的方向膜拜。

登山道的轉角處放置了合目石。

御中道
富士山五合目處有五個登山口，這一圈道路表示環繞這五個登山口。

小御嶽社
模仿位於登山口的小御嶽社。

整座山的外形像是盤踞的蛇。據說蛇會在六月一日脫皮，以前的富士山開山日就是農曆六月一日（現在是七月一日）。

從五合目開始使用富士山的溶岩火山灰石，表示這是有來歷的富士塚。下方則覆蓋著樹林。

鳥居是表示進入聖地的結界。從這裡開始就是富士塚的參道。

中道
串連起位於富士山五合目的五個登山口的道路。

以螺旋狀的山路表示盤踞的蛇。由於蛇脫皮代表重生，因此登山參拜富士塚之際，穿著表示死亡的白衣也有祈求重生之意。

五合目以下的地方有樹木。

足神 猿田彥神社
參道的入口祭祀著猿田彥。猿田彥是指引之神，同時也是足神，因此神社內也祭祀草鞋。

穿上草鞋潔淨身心。

洞窟裡的修行者
洞窟代表母體，認為待在其中便能獲得重生。

小知識 當時認為穿著代表死亡者的白衣參拜富士塚，就能獲得重生的機會。

誕生自宿場町的日式點心

街邊的日式點心

不斷傳承的宿場町風味

至今，路邊依然找得到宿場町時代的老店。之所以有不少店家都販售丸子或煎餅，是因為這些點心剛好可以稍微填補一下旅人的肚子。與店家聊聊天，說不定能夠聽到昔日的遺聞軼事呢。

あきおか

創業於明治二十八（1895）年。以採自品川近海的品川海苔裹住米果的品川卷，為了增加口感，於是做成了細長形。

煎餅的保存期限長，最適合作為隨時都可能舉辦的法會供品。

DATA
品川区北品川 2-2-8
03-3471-4325

枡翁軒

創業於嘉永二（1849）年。以茶屋的形式經營了將近兩百年。目前的老闆是第六代，特別推薦甜鹹口味的烤丸子。

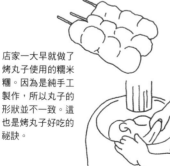

店家一大早就做了烤丸子使用的糯米糰。因為是純手工製作，所以丸子的形狀並不一致。這也是烤丸子好吃的祕訣。

DATA
品川区北品川 1-2-8
03-3471-3385

御菓子司木村家

創業於明治二十五（1892）年的日式點心鋪。有不少人遠道而來，就是為了買品川餅。

乍見之下與信玄餅外形相似的品川餅，裡面包著大納言紅豆餡。

DATA
品川区北品川 2-9-23
03-3471-3762

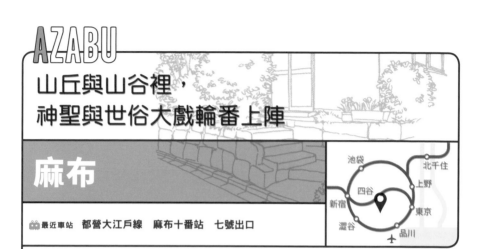

AZABU

山丘與山谷裡，
神聖與世俗大戲輪番上陣

麻布

最近車站　都營大江戶線　麻布十番站　七號出口

欣賞順應地形而生的景觀變化

麻布地區的地形十分起伏。古川由東往北流，在下游處形成了丘陵與山谷，其支流切削或侵蝕丘陵地，因而製造出許多的皺褶地形。

江戶時代，大名❶在高台上建造下屋敷❷，周圍則蓋起好幾座寺廟。下屋敷所在的較大塊土地後來興建了學校或大使館，高台則演變成高級住宅區。

另一方面，夾在台地之間的窪地未受到開發，至今依舊保留著昔日的巷弄。拜訪窪地裡現存的長屋、墓地、湧泉，可以想見當年庶民們所居住的街町模樣。

從麻布十番站穿過商店街，進入迂迴台地的道路。在這裡，有夾在兩崖之間的谷道。傾耳腳下，可以聽見潺潺流動的地下水聲。谷道內的河川，今日已變成埋藏地底的暗渠。各位不妨在這裡找找昔日的河川蹤跡吧。

沿著谷道繼續前行，進入三方被台地團團圍住的缽狀窪地。點綴著長屋的巷道內，時間彷彿停止了流動。這個車輛不太能通行、只能賴以步行的空間，至今依舊完整保留著昔日的身影。從窪地爬上坡，回首一看，以小割（50頁）方式分切的町家與占地寬廣的屋宅形成了強烈對比，景象令人難忘。

接著，我們從信仰的觀點來觀察山丘與山谷。山丘上零星點綴著教會或寺廟，成為象徵「神聖」的能量點。相對的，在谷底則可以看到象徵「死亡」的墓地。

以前，在深淵似的谷底有火葬場，這裡可說是與「死亡」比鄰而居的地方。因地形的不同所形成的不同信仰，十分值得玩味。

街町散步的終點為麻布十番商店街。這裡有許多如更科蕎麥麵、江戶時代即有的老店，當中也有不少可看之處。本書所介紹的，主要是散步時可以順便一訪的老店，大家不妨也趁漫步街頭時，找找自己有興趣的店家吧。

---

❶ 大名：諸侯、領主
❷ 下屋敷：大名能夠獲得大 中 小的屋敷（譯註：屋宅）。下屋敷通常作為大火時的避難處或度假用的別墅。

崖底、谷地
水在此匯集成河川。不妨在谷道找找昔時的河水痕跡吧？

St Moritz名花堂

///的部分為山崖。

十番稻荷神社
祭祀著傳說中住在蝦池內的蛤蟆之石像。

START

浪花家總本店
→ P.80

谷道 → P.76
路寬約五公尺

生物棲地 → P.76

小道 → P.76

石柱 → P.76

魚可津

麻布十番駅

三菱東京UFJ銀行

ローソソ

りそな銀行

窪地內的小巷弄 → P.77

三面被崖環繞的鉢狀窪地裡，有值得一看的老建築。

一本松

GOAL

あべちゃん

麻布十番商店街 → P.80

位於高級住宅區麻布的商店街內有不少老店。不妨來這裡享受一下親民的口味吧。

善福寺 → P.79

大谷石教會（安藤紀念教會）→ P.79

Cafe kariz
店家位於伊達政宗的下屋敷遺跡上，可以在此品嚐到以井裡打上來的地下水所沖泡的咖啡。

冰川神社 → P.79

仙台坂
此處曾經有仙台藩伊達政宗的下屋敷，因此而得名。

丘陵與谷地
丘陵上有神社、教會，谷底則是與死亡息息相關。探索這片坡地，可以發現它與地形的密切關係哦。

雙層屋頂的土藏建築 → P.78

墓地與釣魚池 → P.78

N

品川
麻布
荒木町
原宿
水道橋・神保町
神樂坂
雜司之谷
谷中
千駄木・根津
王子

谷道　麻布十番站

本光寺　一本松

窪地內的小巷弄　善福寺

冰川神社
大谷石教會（安藤紀念教會）

松方HOUSE（西町國際學校）

稱念寺

麻布是個由台地與窪地所組成、地勢起伏明顯的地區（濃→淡表示高→低）。

75

找出隱藏的河川

谷道

谷道中有水

這條路稍微與眾不同。道路些許彎曲，左右兩側包夾著高高的山崖。昔日，這裡只要一下雨，山谷便會積水成河，滾滾流動。走在這條有可能是暗渠（47頁）的馬路上，應該可以找得到此處曾經為河流的痕跡。

兩側為山崖或台地，水匯集在山谷處，谷道很可能因此變成了河流。

山崖　道路　山崖

谷道
既然是暗渠，雨天來散步最好。仔細聆聽，可以聽見腳下的流水聲。

考量到濕氣與下雨時會淹水，因此築起了擋水牆。

小道
夾於建築物或住宅間的細小通道，很有可能也是暗渠。

彎曲的通路加上水泥蓋，都暗示著底下是暗渠。

看起來就像是通往水邊的樓梯。

寬度不到一公尺的狹小道路，很有可能曾經是水道。

有不少人孔蓋，表示底下很有可能是暗渠。

河水會往道路較低的一側流。箭頭表示河水的流動方向。

看起來像是橋的護欄。

石柱
這裡有零星點綴了好幾個石柱。附近就能看到水從暗渠上到地面的水道（明渠）。

生物棲地 ❶
這裡是匯聚於崖下的水湧出之處。充分利用濕地打造的生物棲地。

生物棲地

（現在已不作為湧泉使用）

生物棲地
水道（明渠）

水的匯集處（谷）

石柱

本光寺

小道

谷道

埋坂

麻布十番駅→

●元麻布テラス

往窪地內的小巷弄→

因為地勢的關係，周遭的水匯集於此處，因此這裡稱為五叉路。

76　❶ 生物棲地（biotope）：為了保護自然的生態系統而製作的水邊環境。

時光凍結的鉢底

走入這些時間彷彿停滯了的窪地小巷弄，舉目所見盡是具備了雨淋板牆、木窗、鑄鐵路燈、庭樹盆栽等等的懷舊長屋。各位不妨跟著街町的節奏，享受這份悠閒的時光。

窪地內的小巷弄

體驗昭和時代的氣氛

街燈
充滿濃厚的昭和氣息、珍貴的鑄鐵路燈遺跡。

窪地內的小巷弄
這個三邊圍著山崖的封閉窪地，人跡罕見，時間彷彿靜止了一般。

高台上的高層大樓與窪地保有一定的距離，影子不會落在此處。

因為是鉢狀地形，日照非常好。

水從高台往低處匯集，形成湧泉。

住宅密集地區　墓地

宮村兒童遊樂園　道路

窪地內的生活
由於斜坡的開發較晚，沒有建蓋大樓，因此日照非常好，窪地內的濕度並不高。也有在窪地內生活不可或缺的湧泉。

巷道的盡頭是山崖，無法通行，外人很難進入。這也是此地得以獲得清靜的原因。

建築物正面朝南，日照良好，設有陽台。

從玄關的設計可以看出與鄰居的來往密切。

雖然僅有五十公分寬，住家還是能有個小院子。

路寬有2.5m。車輛能否進入，連帶也會影響巷弄裡的風景。

巷道空間
巷道裡的玄關並非面對面，家家戶戶都是面朝南方。雖然是巷道，由於棟距寬，日照非常充足。

南邊　陽台　巷道　2.5m

建築物腹背相向，因此巷道又具有如同庭院的功能。

住宅環境的考量
格柵既能夠遮蔽視線，維護隱私，又具有通風與採光的功能。在濕度高、與鄰居距離非常近的巷弄裡，住家環境當然要多花點功夫。

懷舊的雨淋板底下是土牆。土牆具有調節濕氣的作用。

格柵能為臨街的住宅保有良好的隱私。

陽光可以透過親子格柵較寬的空隙進入室內。

密度較高的細格柵能夠遮蔽視線，僅能從粗格柵的隙縫間看見室內。

格柵不但具有防範宵小的作用，也能維持良好的通風。

在坡地上演的明暗大戲

這裡的山坡地是有故事的。靠天很近的頂端處地位神聖，寺廟、教會、神社都在這裡，而最底端則與死亡關係緊密。此外，豪宅大屋都位在斜坡的上方，老百姓的民房則聚集在斜坡下方。這條明顯劃分出明與暗的斜坡，還真是戲劇性十足呢。

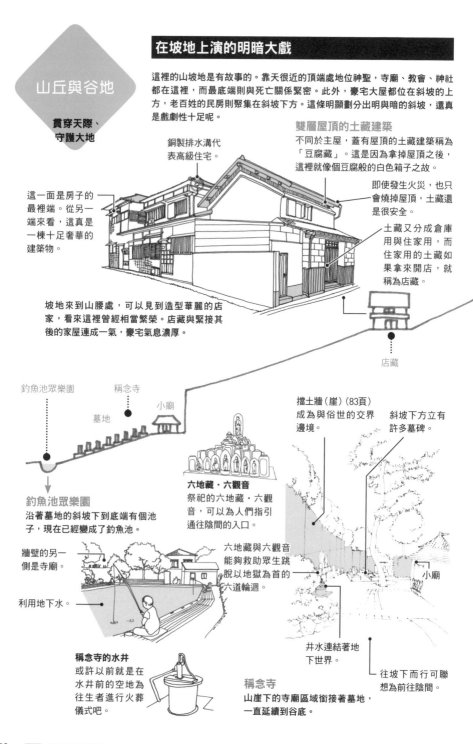

雙層屋頂的土藏建築
不同於主屋，蓋有屋頂的土藏建築稱為「豆腐藏」。這是因為拿掉屋頂之後，這裡就像個豆腐般的白色箱子之故。

銅製排水溝代表高級住宅。

即使發生火災，也只會燒掉屋頂，土藏還是很安全。

這一面是房子的最裡端。從另一端來看，這真是一棟十足奢華的建築物。

土藏又分成倉庫用與住家用，而住家用的土藏如果拿來開店，就稱為店藏。

坡地來到山腰處，可以見到造型華麗的店家，看來這裡曾經相當繁榮。店藏與緊接其後的家屋連成一氣，豪宅氣息濃厚。

店藏

釣魚池眾樂園　　稱念寺

墓地　　小廟

擋土牆（崖）（83頁）成為與俗世的交界邊境。

斜坡下方立有許多墓碑。

釣魚池眾樂園
沿著墓地的斜坡下到底端有個池子，現在已經變成了釣魚池。

六地藏‧六觀音
祭祀的六地藏‧六觀音，可以為人們指引通往陰間的入口。

牆壁的另一側是寺廟。

六地藏與六觀音能夠救助眾生跳脫以地獄為首的六道輪迴。

小廟

利用地下水。

井水連結著地下世界。

稱念寺的水井
或許以前就是在水井前的空地為往生者進行火葬儀式吧。

往坡下而行可聯想為前往陰間。

稱念寺
山崖下的寺廟區域銜接著墓地，一直延續到谷底。

　小知識 ▶ 墓地的六地藏前方的空地，是用來迴轉棺木，避免往生者返回世間。

大谷石教會
（安藤紀念教會）

親民的羅馬式建築造型。大谷石教會創立於大正六（1917）年。

山丘頂與整片偌大的腹地都是武家屋敷的遺跡。如今這塊地上矗立著大使館與高層大樓。

創建教會
創立者安藤太郎就任第一任夏威夷總領事時認識了基督教，與夫人一同受洗。之後便奉獻自宅作為講堂使用。

山路頂點處…的一本松為神明降臨的印記。

安藤紀念教會　　冰川神社　　一本松

山丘上為神聖殿堂。

從粗糙的手工雕刻外牆可以明顯看出，這是比以大谷石建造的帝國飯店更古老的建築。

高度不似哥德式那般高聳，正是羅馬式建築的特色。

彩繪玻璃是從美國習得技術的小川三知❶的作品。

能夠倖免於關東大地震的堅固建築。

彩繪玻璃上標記著「夏威夷初回受洗者」等以漢字書寫的紀念文字。

一本松
位於山路頂點，據說是能與天交流的神木（現在的是第五代）。

唐破風兩端朝天翹起。

冰川神社
從山丘上守望整座街町上的所有信仰者們。

善福寺
這裡有高聳的逆向銀杏，以及自地面湧出的井水等傳說。

神明安座高台岬邊

在得以飽覽整座街町的山丘頂，矗立著許多神社與寺院。如同不斷往天上抽長的新芽，在頂端上也蓄積著無限的生命力。

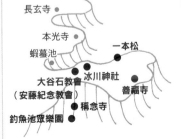

長玄寺
本光寺
蝦蟇池
一本松
大谷石教會
（安藤紀念教會）
冰川神社
善福寺
稱念寺
釣魚池眾樂園

❶ 小川三知：日本彩繪玻璃藝術家，活躍於大正～昭和初期，作品具有濃厚的日本風情。

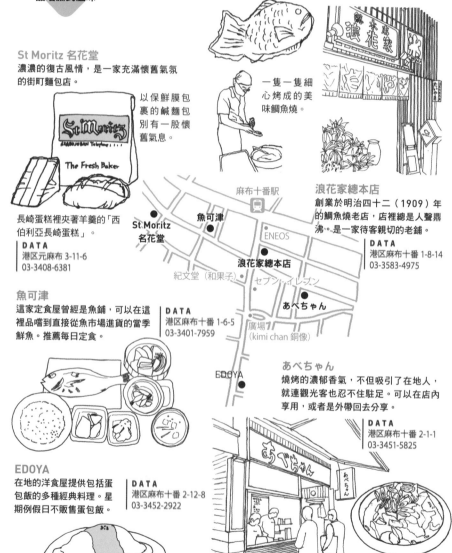

麻布十番商店街是庶民的好朋友

麻布十番位於山之手上，擁有豐富的下町風情。這裡有許多老店，商店街自古至今就是個熱鬧地方。有不少店家都是現場製作，顧客們可以一邊觀賞，品嚐剛出爐的庶民美味。以下介紹幾間不妨順路去看看的店家。

St Moritz 名花堂

濃濃的復古風情，是一家充滿懷舊氣氛的街町麵包店。

以保鮮膜包裹的鹹麵包別有一股懷舊氣息。

長崎蛋糕裡夾著羊羹的「西伯利亞長崎蛋糕」。

DATA
港区元麻布 3-11-6
03-3408-6381

一隻一隻細心烤成的美味鯛魚燒。

浪花家總本店

創業於明治四十二（1909）年的鯛魚燒老店，店裡總是人聲鼎沸。是一家待客親切的老鋪。

DATA
港区麻布十番 1-8-14
03-3583-4975

魚可津

這家定食屋曾經是魚鋪，可以在這裡品嚐到直接從魚市場進貨的當季鮮魚。推薦每日定食。

DATA
港区麻布十番 1-6-5
03-3401-7959

あべちゃん

燒烤的濃郁香氣，不但吸引了在地人，就連觀光客也忍不住駐足。可以在店內享用，或者是外帶回去分享。

DATA
港区麻布十番 2-1-1
03-3451-5825

EDOYA

在地的洋食屋提供包括蛋包飯的多種經典料理。星期例假日不販售蛋包飯。

DATA
港区麻布十番 2-12-8
03-3452-2922

燒烤店裡的滷大腸也很受歡迎。

小知識 創業超過兩百年的老店更科蕎麥麵在麻布十番有三家分店，每家店都有屬於自己的故事。

從坡道名稱遙想往日的風景

江戶人對坡道的命名方式十分爽快。長長的坡道就稱為長坂，有點暗的就稱為暗闇坂，給人什麼樣的感覺，就叫什麼名字。所以從坡道的名稱，可以推想出今日已無從想像的昔日風景。江戶街町的道路很少有名稱，因此漫步下町時，橋名成了重要的路標，在山之手，不妨以坡道名作為散步的路線指引。

〈 從眺望的景色來命名 〉

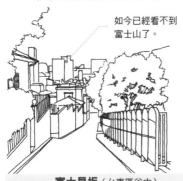

如今已經看不到富士山了。

富士見坂（台東區谷中）

如同其名，從富士見坂可以看到富士山。富士山大約在江戶的西邊，從這裡的方位也能明顯看出。汐見坂（港區虎之門）的汐指的是東京灣，面朝東方。能夠一覽江戶市街風景的坡道就稱為江戶見坂（港區虎之門），面朝東北方。

〈 從形狀來命名 〉

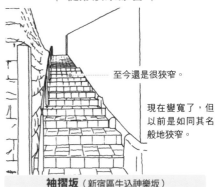

至今還是很狹窄。

現在變寬了，但以前是如同其名般地狹窄。

袖摺坂（新宿區牛込神樂坂）

因為錯身而過的行人彼此會摩擦到袖子，因此命名為袖摺坂（101頁）。有七個轉角的坡道稱為七曲坂（新宿區下落合）。蛇坂（港區三田）、鰻坂（新宿區牛込）也都是彎彎曲曲的坡道。彷彿老鼠巢穴般狹窄的稱為鼠坂（文京區音羽），占地寬廣於是稱為大坂（目黑區青葉台）等等，這些都是依照形狀命名的坡道。

〈 從坡道模樣來命名 〉

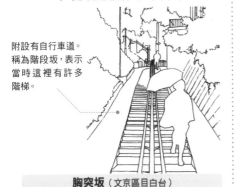

附設有自行車道。稱為階段坂，表示當時這裡有許多階梯。

胸突坂（文京區目白台）

這裡形似以膝蓋觸胸的前傾姿勢，因此命名為胸突坂（107頁）。炭團坂（文京區本鄉）一名的由來，是因為坡道既陡又濕滑，不小心從上面滾下來的模樣就跟圓又黑的煤球一樣。此外，設有階梯的坡道，就被稱為雁木坂（港區麻布台）、梯子坂（新宿區新宿）。

〈 從明暗來命名 〉

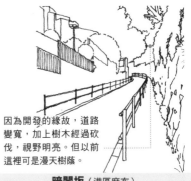

因為開發的緣故，道路變寬，加上樹木經過砍伐，視野明亮。但以前這裡可是漫天樹蔭。

暗闇坂（港區麻布）

黑漆漆的坡道非常危險，以此命名的坡道也比明亮的坡道來得多。此處因為樹木或涵洞的關係，四周非常暗，因此稱為暗闇坂。日無坂（文京區目白台，107頁）、樹木谷坂（文京區湯島）也同樣都是光線昏暗的坡道。

ARAKICHO (YOTSUYA)

自窪地崛起的「奇妙之境」荒木町

荒木町（四谷）

🚇最近車站　東京地鐵丸之內線　四谷三丁目站　2 號出口

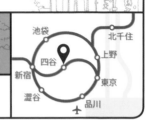

池袋　北千住　上野　四谷　新宿　東京　澀谷　品川

四方隆起的窪地裡，由水與坡地打造的異想世界

荒木町是個四周圍起的窪地，地形就像個鍋底。在這個既與四周相連、卻又彷如陸上孤島的鍋底空間，形成了景象奇特的奇妙世界。江戶時代為大名庭園池塘的荒木町一帶，進入明治時期後變成了民地。這裡有注入池中的瀑布美景，也有行舟於上的遊客，相當熱鬧，並且逐漸朝著藝妓街發展。

通往窪地的斜坡，是往來花街這個奇妙世界的出入口。我們趕緊從這條衝接異世界的坡道而下，瞧瞧裡面的花花世界吧。

街町散步的起點是四谷三丁目車站。從這裡沿車力門通而下，來到今丸稻荷神社。經過那些雕刻著花街料亭名字的玉垣（譯註：包圍神社或寺廟的柵欄圍牆），繼續往神社旁的小路前進。沿著路寬不大、峰迴路轉卻遲遲看不到盡頭的階梯而行，期待感油然而生，也更加令人感到好奇了。

坡道底下的盡頭是個大池（策之池），這裡祭祀著弁財天。弁財天是掌

管水與技藝之神，與水字相關的酒家生意，以及與技藝相關的藝妓都受到弁財天的庇佑，花街也就日益興盛繁榮了。

繼續再往前走，這裡有道基石上刻有「仲坂」二字的長長階梯。天然的坡道或階梯會順著地勢自然曲折蜿蜒，因此這條筆直的階梯想必是人工打造的吧。階梯的頂端是山崖，也就是說，這裡是座堤防。在三方圍起的窪地僅存的一邊築起高堤，構成一個宛如鍋底的四方形窪地。步上人工堤防的道路，於是成了一道筆直的長坡。

那麼，聚集在這個窪地內的水，又往哪裡去了？江戶時代的石造暗渠至今依然還在使用。站在谷底的道路放眼四望，想像水流的走向後找出暗渠（47頁）的位置，也是挺有趣的。

目前尚存房舍圍牆，也是頗有看頭。不論是貼石板的外牆或者是開在牆上的門，處處皆有往日花街上令人喜愛的小巧思。即便今日花街已不復見，尋找蘊藏昔日花街獨出心裁的設計，正是最適合此區的散步方式了。

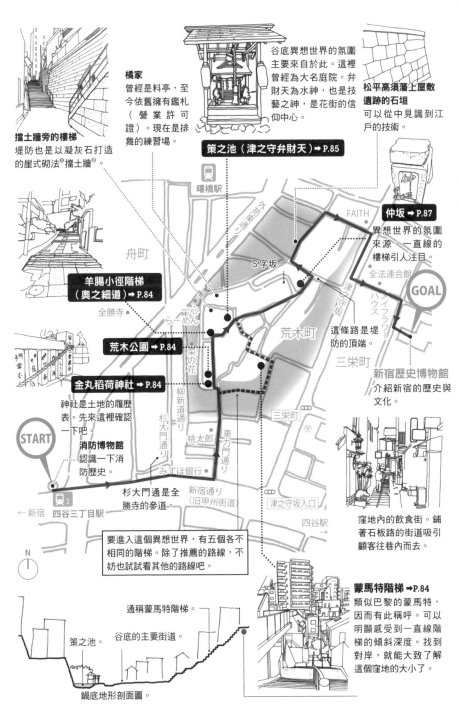

擋土牆旁的樓梯
堤防也是以凝灰石打造的崖式砌法[1]擋土牆[2]。

橘家
曾經是料亭，至今依舊擁有鑑札（營業許可證）。現在是排舞的練習場。

谷底異想世界的氛圍主要來自此。這裡曾經為大名庭院。弁財天為水神，也是技藝之神，是花街的信仰中心。

松平高須藩上屋敷遺跡的石垣
可以從中見識到江戶的技術。

策之池（津之守弁財天）→P.85

曙橋駅

仲坂 →P.87
異想世界的氛圍來源。一直線的樓梯引人注目。

FAITH

S字坂

全法連会館

GOAL

羊腸小徑階梯（奧之細道）→P.84

全勝寺

舟町

心らーめん

荒木町

這條路是堤防的頂端。

新宿歷史博物館
介紹新宿的歷史與文化。

荒木公園 →P.84

菜の花

三栄町

金丸稻荷神社 →P.84

神社是土地的履歷表。先來這裡確認一下吧。

柳新道通り

杉大門通り

桃太郎

車力門通り

三栄町

START

消防博物館
認識一下消防歷史。

杉大門通是全勝寺的參道。

みずほ銀行

新宿通り
(旧甲州街道)

津之守坂入口

← 新宿　四谷三丁目駅

四谷駅 →

窪地內的飲食街。鋪著石板路的街道吸引顧客往巷內而去。

要進入這個異想世界，有五個各不相同的階梯。除了推薦的路線，不妨也試試看其他的路線吧。

N

蒙馬特階梯 →P.84
類似巴黎的蒙馬特，因而有此稱呼。可以明顯感受到一直線階梯的傾斜深度。找到對岸，就能大致了解這個窪地的大小了。

通稱蒙馬特階梯。

策之池。　谷底的主要街道。

鍋底地形剖面圖。

[1] 崖式砌法（bluff bond）：磚塊輪流以丁面與順面交互堆砌，類似法式砌法的擋土牆砌法。
[2] 擋土牆：避免斷崖等崩塌而建造的擋土壁面。城堡的石垣也是一種擋土牆。

兔子洞就在斜坡（階梯）上

如果以愛麗絲夢遊仙境來比喻窪地內的異想世界，那麼兔子洞的位置應該就是在斜坡（階梯）上。走在彷彿被吸入谷底的長階梯，不禁令人燃起了好奇心。首先，我們去金丸稻荷神社與荒木公園，了解大名庭院的歷史與花街，再繼續向前邁進，逐一探索吧。

金丸稻荷神社與階梯

兔子洞就在
斜坡（階梯）上

金丸稻荷神社
通往異想世界的剪票口。

酒家業者信奉的神明是狐狸。花街裡一定會祭祀狐狸神。

以前曾經是松平攝津守的守護神。

荒木公園
金丸稻荷神社內的荒木公園非常值得一看。

棗樹原本是長在料亭的院子裡。

傳承歷史的解說板上，記載著這一帶曾經是攝津守的上屋敷[1]。

直到昭和五十（1975）年，這裡的花街相當熱鬧繁華。玉垣上，舊時料亭的名字依舊清晰可見。

料亭……橘家、雪村。
藝妓屋……大和、梅政等。

玉垣等於文字版的地圖，可以得知舊時街町的資訊。

前往異想世界的兩個方法
前往異想世界的入口呈細小的階梯狀。有一種通往祕密基地的氛圍。

裝飾用的懷舊水泥電線桿，有種彷彿穿越到另一個時空的錯覺。

至今還在營業的料亭「千葉」。

羊腸小徑階梯
（奧之細道）
階梯緩緩往下延伸。曲折的小徑看不到盡頭，隨著周遭景色更迭，一步一步走進了異想世界。

羊腸小徑裡的階梯坡度和緩，即便是身穿和服的藝妓，也能輕鬆地行走其上。

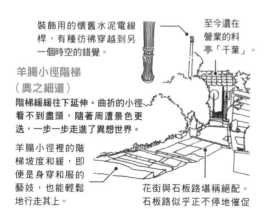

花街與石板路堪稱絕配。石板路似乎不停地催促人們快點下來。

建蓋大樓時順便將樓梯拓寬了。以前下半部的階梯非常狹窄。

這裡是以前的寬度（約1.82公尺）。

蒙馬特階梯
既陡又窄的長階梯，走在上面會有一種差點要滾下去的錯覺。通往異想世界的氣氛濃厚。

❶ 屋敷：藩主分得的屋舍按照距離江戶城的遠近分成上、中、下屋敷，上屋敷多作為藩主住宅之用

異想世界窪地裡的水池

窪地裡有個大名庭園的水池，這座由瀑布形成的池子，附近的人稱之為「策之池」。這裡祭祀著弁財天，是始於明治時代的花街之地標。料亭與藝妓都是弁財天最虔誠的信奉者。

策之池

活生生的窪地
歷史見證者

津之守弁財天
原本位於池畔的弁天祠，昭和三十一（1956）年時搬遷至目前的所在地重建。

策之井
德川家康獵鷹時曾經在此清洗長鞭。鞭字意思與策字相同。

策之池

至今依舊殘存的瀑布湖遺跡
瀑布為江戶八井之一。

這附近有道四公尺左右的瀑布，是相當不錯的避暑勝地。

弁才天為水神，祭祀於湖畔。才字有才能（尤其是音樂）之意，因此也受到藝妓們的虔誠供養。之所以寫成弁財天，是因為財為金，可為酒家業者贏得好彩頭。

這裡的水引自湧泉與玉川上水道，占地寬闊甚至能划船。江戶時代是個迴遊式庭園。

想像一下江戶時代的模樣——圍堵谷地 ❶ 所形成的地形

策之池的所在地曾經被納入松平攝津守屋舍領地內的大名庭園。也有一說在江戶時代，在谷內蓄水以作為甲州街道的防禦之用。

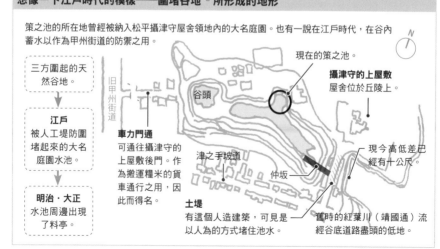

三方圍起的天然谷地。
↓
江戶
被人工堤防圍堵起來的大名庭園水池。
↓
明治・大正
水池周邊出現了料亭。

旧甲州街道

谷頭

現在的策之池。

攝津守的上屋敷
屋舍位於丘陵上。

車力門通
可通往攝津守的上屋敷後門。作為搬運糧米的貨車通行之用，因此而得名。

津之手坂道

仲坂

土堤
有這個人造建築，可見是以人為的方式堵住池水。

現今高低差已經有十公尺。

舊時的紅葉川（靖國通）流經谷底道路盡頭的低地。

❶ 谷地：丘陵地被湧泉等侵蝕而形成的地形。

料亭裡的設計巧思

明治時代之後成為民有地的荒木町，消暑的池水加上風光明媚，非常適合花街的發展。以水池為中心，可以找到不少沉睡於窪地的舊時花街蹤跡。圍牆、大門等等充滿精心設計的結構，多少承襲了往日料亭的身影。

靠裡面的座位可以俯視欣賞水池。

區隔內外的門，上半部是稍微能夠窺見室內的格柵設計。呈現出一種欲拒還迎氣氛的料亭建築。

高高的圍牆是常見的料亭設計。

依舊保有舊時身影的料亭「千葉」。暖簾令人印象深刻。

名栗加工的箭頭造型（可以製造出陰影）。名栗是以雕刻刀或一種稱為「釿」的工具將木頭削出紋路的日本傳統加工技術，是打造茶室風格建築不可或缺的加工方式。

直線的平行框線。料亭的圍牆採用縱向護牆板鋪設。

從這個門略可窺見室內。

邊角的四道細縫是一大特色。

貼有鐵平石。

從每個地方都能看見室內狀況，正是料亭的設計巧思。

＊「千葉」以外為一般住宅。雖然這一帶隨處可見屬於花街的設計創意，但這裡並非全都是花街建築。

腰牆貼了鐵平石是花街建築？
料亭經常會使用鐵平石。這裡經常可以看到腰牆上貼了石板的圍牆，想必也是受到花街的影響吧？

尋找窪地之水的出口

窪地裡，四邊被團團圍住的水要流往何處呢？水池的水面位置比主要街道還要高，因此水池並非在最低窪的地方。這樣的話，雨水都去了哪裡呢？讓我們循著斜坡，追上去瞧瞧吧。

仲坂

**窪地內的水
跑躲到哪裡去了**

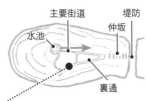

主要街道成了水道

從四周流進來的水匯集在主要道路，從水池越過仲坂流去。畢竟這裡原本是個三面圍起的窪地，因此水當然朝著唯一的缺口方向而去。這時候，主要道路就變成了水的通道。

濕濘的道路以前只有土，後來才鋪上石頭，便於行走。

鋪設的石頭是曾經行經新宿通的都電所提供。

鋪設水泥。

仲坂

江戶時代，在谷的另一側築起土牆作為堤防，讓這裡成了四邊都圍起來的窪地。而仲坂則保留原有的坡度，變成一條筆直的階梯。

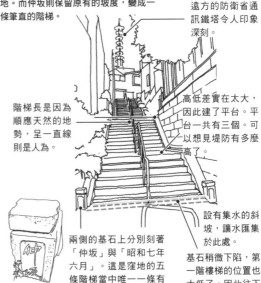

遠方的防衛省通訊鐵塔令人印象深刻。

高低差實在太大，因此建了平台。平台一共有三個。可以想見堤防有多麼高了。

階梯長是因為順應天然的地勢，呈一直線則是人為。

設有集水的斜坡，讓水匯集於此處。

基石稍微下陷，第一階樓梯的位置也太低了，因此往下應該還有一、兩階樓梯才是。

窪地裡的雨水對策

在腰牆貼上鐵平石一方面也是為了防水吧。

將圍牆的水泥基底墊高，可以避免淹水。

地基墊得比馬路高，以避免雨水侵入。

兩側的基石上分別刻著「仲坂」與「昭和七年六月」。這是窪地的五條階梯當中唯一一條有名字的階梯（坡道）。

為了抵抗土壓，蓋石將近有50公分厚。

堆疊三層的石塊組

松平攝津守上屋敷遺跡的下水道暗渠

建於天和三（1683）年左右。昭和初期銜接了水泥管，至今依然還在使用。新宿區落合水再生中心前方有修復的部分暗渠。

被堤防擋下的流水，沿著暗渠從堤防底下排放出去。

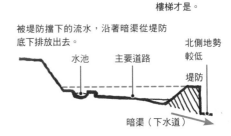

水池

主要道路

北側地勢較低

堤防

暗渠（下水道）

HARAJUKU

世代鴻溝鮮明的貓街與竹下通

原宿

🚇最近車站　JR 山手線　原宿站　表參道口

清正井的井水靈力
讓條條大路煥然一新

　　明治神宮裡的清正井位於富士山的水脈上，因此也是眾所皆知「氣場」非常強的能量點。

　　清正井裡流出的水聚成小河，經過布拉姆斯小徑流入了澀谷川。大正十三（1924）年，因為山手線原宿站搬遷到目前的所在位置，河川被堵塞起來，水流改道從地底下走，從竹下通地下流往澀谷川。水路上鋪設了柏油路，變成人聲鼎沸的繁華街區。據說這一區之所以如此繁華，全託清正井流出的井水之賜。大家不妨趁著散步時，將之與作為澀谷川暗渠（47頁）支流的竹下通、貓街，以及不再有水流經過的布拉姆斯小徑比較一番，也是一大樂事。

　　竹下通的源頭既然來自清正井，當然也受到靈力的庇佑。以人生來比喻，這裡算是處於十幾歲的成長期。少年少女齊聚於此，竹下通儼然成為流行文化的發源地。少年少女的年輕活力，讓這裡成了熱鬧非凡的繁華街區。

　　另一方面，澀谷川的主流——貓街則處於稍微成熟的青年期。這一帶的繁榮，是由三十歲左右的青年所共同打造。也有一說是因為此區的木造公寓紛紛改建為工作室或時尚會館而引來了人氣，進而使得這條路成為流行重鎮。

　　沉穩的布拉姆斯小徑，曾經是澀谷川的流經之地。如今雖然水路已經改道，小河的氣息依舊瀰漫在這個靜謐的空間，成為五十幾歲的壯年期最喜愛的一條小路。

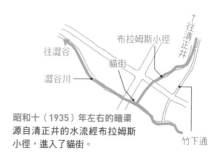

昭和十（1935）年左右的暗渠源自清正井的水流經布拉姆斯小徑，進入了貓街。

小知識　原宿車站開業於明治三十九（1906）年。表參道上的站舍是第二代，也是JR在東京都內最古老的木造站舍。裡面設有天皇專用的月台。

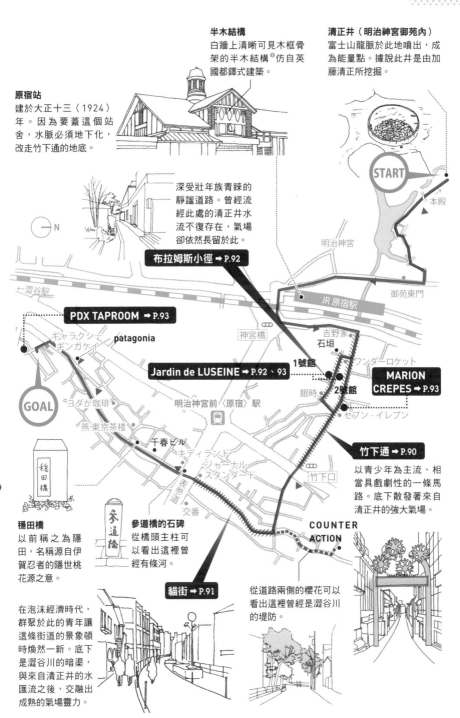

半木結構
白牆上清晰可見木框骨架的半木結構[1]仿自英國都鐸式建築。

清正井（明治神宮御苑內）
富士山龍脈於此地噴出，成為能量點。據說此井是由加藤清正所挖掘。

原宿站
建於大正十三（1924）年。因為要蓋這個站舍，水脈必須地下化，改走竹下通的地底。

深受壯年族青睞的靜謐道路。曾經流經此處的清正井水流不復存在，氣場卻依然長留於此。

布拉姆斯小徑 ➡ P.92

PDX TAPROOM ➡ P.93

patagonia

Jardin de LUSEINE ➡ P.92、93

MARION CREPES ➡ P.93

竹下通 ➡ P.90
以青少年為主流、相當具戲劇性的一條馬路。底下散發著來自清正井的強大氣場。

穗田橋
以前稱之為隱田，名稱源自伊賀忍者的隱世桃花源之意。

在泡沫經濟時代，群聚於此的青年讓這條街道的景象頓時煥然一新。底下是澀谷川的暗渠，與來自清正井的水匯流之後，交融出成熟的氣場靈力。

參道橋的石碑
從橋頭主柱可以看出這裡曾經有條河。

貓街 ➡ P.91

從道路兩側的櫻花可以看出這裡曾經是澀谷川的堤防。

COUNTER ACTION

品川

麻布

荒木町

原宿

水道橋・神保町

神樂坂

雜司之谷

谷中

千駄木・根津

王子

START

本殿

明治神宮

御苑東門

JR原宿駅

←渋谷駅

神宮橋

吉野家

石垣

ワンダーロケット

1號館

2號館

銀時

ギャラクシー
ギンガケイ

ヨダか珈琲

明治神宮前〈原宿〉駅

燕·東京茶楼

千春ビル

キディランド

ジャーナル
スタンダード

裏参道

竹下口

竹下通

交番

セブン-イレブン

GOAL

穗田橋

参道橋

由十幾歲青少年打造的竹下通

竹下通

將馬路當成了舞台

剛從清正井湧出的井水，為這條路帶來了充沛的能量與靈力。少男少女們各個奇裝異服，彷彿戲劇中的男女主角般在街上來往穿梭。這是個由遊客與男女主角們共同在街上演出的奇妙舞台。

這條路彷彿舞台上的伸展台，站在上面，感覺自己也成了音樂劇中的主角呢。

五彩繽紛的招牌
商店招牌成為最佳的舞台背景。

也有人說是清正井滿載著充沛能量的井水為十幾歲的青少年們注入了活力，於是成就了這條街。

街頭成為遊客與演員攜手共演的實況演出劇場。

拍攝演出者的女子是劇場裡的觀眾。

街頭時尚
或許是一穿上這些奇妙的服裝，瞬間就覺得自己成了舞台上的主角吧。透過服裝可以分辨出哪些是遊客，哪些是演出者。

可麗餅
如同電影院或劇場裡販售的爆米花，這裡也可買到可麗餅。簡直就像是劇場裡的小賣部。

歌德與蘿莉塔（歌德蘿莉）
歌德風的設計搭配蘿莉塔元素組合而成的造型。

少女風
強調溫柔軟綿、充滿少女風情的穿著時尚。

服飾店
說到原宿就不得不提竹之子族[1]，這股潮流的發源地老店至今依舊屹立不搖！是一家販售各種奇裝異服與配件的服飾店。

● 竹之子族：指穿著「竹之子服飾店」所販賣的華服在原宿的步行者天國跳舞的年輕人。

由三十歲的青年所創造的流行街區

貓街

貓街地底的澀谷川流動的是源自清正井的超級能量

這個曾經只是年輕人來買賣東西的街道，如今處處可見進駐了服飾製造與零售商的商業大樓。不過還是可以在這裡看到延續年輕人活力的店家。這些由木造公寓的一室或老舊的獨棟房屋改建、由年輕人經營的店鋪，大家不妨也走進去瞧一瞧吧。

這裡聚集了許多資金不多的年輕人，公寓裡的一個房間就是一家店，貓街也因此逐漸變身為流行的時尚街區。

千春大樓

木造的三層樓公寓裡聚集了不少小資店家。

即使這裡成為時尚重鎮，依舊維持著店家原始的模樣。

每家店都擁有一扇窗作為宣傳空間，於是演變成展示商品的櫥窗。

裝飾了充滿手作感的招牌。

從木造公寓窗上的裝飾，可以分辨出每個房間的業種。有許多由年輕人開設的小資店鋪。

開門營業時，內面裝飾著店家logo的門就會打開。大門本身就是招牌。

五個半榻榻米大的皮革工作室。狹小的空間裡張貼著店家的宣傳文字。

公寓裡的長廊兩側都是房間。一扇門就是一家店。

河川改道之後，建築物的背面成了正面。將位於內側的木造公寓改成店面使用，貓街也因此逐漸發展起來。

大品牌進駐

泡沫經濟之後，patagonia 等大型的服飾店鋪紛紛以商業大樓的模式經營，如今，貓街裡由年輕人經營的店家也變得愈來愈少了。

patagonia

出現背對街道的建築物一點兒也不奇怪，因為這條馬路原本是一條河。

COUNTER ACTION

沿著貓街往北走，商業大樓漸少，取而代之的是木造住宅。年輕人們在此落腳，將住宅改建成店面使用。

布拉姆斯小徑

回首人生的小路

讓五十歲以上的中年人流連忘返的人氣街道

在筆直的竹下通內,有一條突如其來、屬於大人的清幽巷道。這裡曾經是流通來自清正井井水的河道,即使之後河水改道進入了竹下通,巷弄間卻依稀還能嗅聞到當時的繁榮氣味,成為一條經過歷史沉澱的靜謐小徑。

Jardin de LUSEINE餐館建於三十多年前,當時也是這條路剛開通之時。

布拉姆斯雕像
正因為有這座布拉姆斯雕像,這條路也因此被稱為布拉姆斯小徑。

鍛鐵打造的扶手,從十三世紀開始就是歐洲常見的裝飾。

建築物外牆貼上了紅磚瓦,有一種漫步於中古世紀的歐洲城市裡的氛圍。

LUSEINE 二號館(左)

路面鋪設的連鎖磚令人聯想到歐洲的紅磚路。

LUSEINE 一號館(右)

彎曲的小徑
無法一眼看到盡頭的曲折小路遮蔽了外面的風景,讓這裡成了獨一無二的小小世界。

細窄的路寬
適合兩人並肩而行的路寬,更添沉靜之情。

曾經為蜿蜒河道的路旁蓋起了直角的建築物,其間的空隙種上了綠樹,構成一幅令人遙想起昔日河景的風情畫。

弧狀的彎道有一側的高度較低,是因為曾經有小河流經此處。

山之手

品川

麻布

荒木町

原宿

水道橋・神保町

神樂坂

雜司之谷

谷中

千駄木・根津

王子

適合少年、青年、中年人的優選店家

漫步於竹下通、貓街也好，布拉姆斯小徑也罷，不妨趁著散步時瞧瞧這些各具特色的店家，順便休息一下吧。相信各位一定能夠在這裡感受到屬於街區的獨特文化及能量。

在街邊
稍作休憩

您喜歡哪一種
氣氛呢？

適合堅持原汁原味
的青年人的店家。

啤酒有10種。銷售完畢就會有
新口味的精釀啤酒登場。

PDX TAPROOM
位於貓街裡的商店。這是一家提供產自美國奧勒岡州波特蘭的桶裝精釀生啤酒的啤酒吧，只要三千日圓就能喝個痛快。

在「Beer Flight」
時段內能夠自選三種
口味的啤酒拼盤。

剛剛炸好還熱騰騰的水牛城
辣雞翅。

DATA
澀谷区神宮前 5-30-2 2F
03-6450-5455

MARION CREPES
位於竹下通，開幕於昭和五十二（1977）年，算是老店中的老店。它開創了邊走邊吃的文化，只要區區五百日圓，就能滿足口腹之欲。

氣氛穩重，很適
合中年人。

便宜又好吃的
店家，最適合
青少年。

Jardin de LUSEINE
位於布拉姆斯小徑、藏身在 LUSEINE 館中的法式餐廳，氣氛相當靜謐穩重。五千日圓就能優雅的吃上一餐。

DATA
澀谷区神宮前 1-6-15
ジュネスビル 1F
03-3401-7297

DATA
澀谷区神宮前 1-16-3
03-5413-0033

SUIDOBASHI, JINBOCHO

您知道這裡面有座中國城嗎？

水道橋・神保町

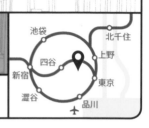

池袋　北千住
四谷　上野
新宿　東京
澀谷　品川

🚃最近車站　JR 中央・總武線等　水道橋站　東口

**登男坂眺望崖地，
舊書店街裡尋訪懷舊喫茶店**

搭乘電車經過JR御茶之水站一帶時，車窗外一片綠意盎然的溪谷美景，令人暫時忘了身處於都會區裡。綠油油的河畔景色，源自於江戶時代的人工壕渠。當時，神田川每逢大雨必定氾濫成災，河水不斷侵蝕駿河台並進入了江戶城。為了避免洪水侵襲，幕府於是命令伊達藩挖掘河道，改變河流的走向。

駿河台崖上設立了許多大學，山崖下的神保町於是成了學生聚集的街區。這裡是日本最有名的舊書店街，不過鮮少人知道這裡同時也有個中國城。

這次散步的起點是水道橋站。沿著與電車線平行的山路前行，西側是被河水侵蝕的山崖，這裡可以看到日本罕見的外露胎土。各位不妨親身走一趟猿樂町的男坂、女坂，體驗看看這個山崖有多麼陡峭。不同於其他道路，猿樂通呈弧狀，由此可知這條路是河道遺跡。

一邊欣賞受侵蝕的崖壁，緩緩朝山崖下的學生街前進。步下山崖首先抵達白山通，漫步前行可以看到中華料理店，以及販賣與中國相關書籍的書店。這個區域是由中國人所組成，甲午戰爭結束後，有許多中國留學生來到此地上學、生活。在少部分殘存的建築，依稀能見到往日的形跡。

來到靖國通，就是神保町的舊書店街了。新式的書店零星分布在昭和時代的建築裡。看看殘存的馬薩式屋頂（98頁）與看板建築，想像一下當時這些相同建築物櫛比鱗次的模樣。走進老書店，裡面的書籍陳列方式與規則，比起現今的二手書店毫不遜色。

四處逛逛，挑幾本喜歡的書，然後繼續去找一間隱身巷道內的喫茶店。你可以點杯咖啡，在這裡度過一小段悠閒時光，或者是安靜地閱讀，一邊品嚐古早味的義大利麵或咖哩飯，享受當個內行人的樂趣。

START

N

水道橋駅

東京齒科大學
水道橋病院

倫巴底帶

人工切削的山崖
為了治水以人工
方式切削而成的
崖壁。

神田川

東洋
高等学校

小栗坂

Athénée Français

アテネ・ヘブリンガン

猿樂町之崖 → P.96
受到舊河道侵蝕自然
形成的山崖。散步時
不妨一邊照對略帶弧
度的猿樂通吧。

女坂

男坂

天主教神田教會
出現連續拱形的倫巴底
帶①，屬於羅馬式建築
的教會。

三崎町

大原日本語學院

ビオティナミ

白山通り

東方學會
→ P.97

**明治後期，這附近
開始有許多中國留
學生定居，形成中
國人社區。**

舊猿樂町駐在所
震災後重建的建築

明治大学米沢嘉博記念図書館

猿樂通
略帶弧度的河道，
乃是舊時為河道的
證明。

猿楽通り

インドマ

錦華公園

**漢洋樓
→ P.97**

東京新報社
レストラン鳴海

愛全公園
立有「周恩來在
此求學」石碑

東亞高等預備校遺跡 → P.97

大久保書店 → P.98

一誠堂書店

LADRIO

Milonga
Nueva

咸亨酒店 → P.97

専大前

神保町駅

古賀書店

神保町駅

靖國通

**夾在靖國通與鈴
蘭通之間的巷弄
→ P.99**

さくら通り

GOAL

矢口書店

鈴蘭通

**神保町・
靖國通舊書店街**

這裡聚集了超過一百七十家
舊書店。為了避免陽光直射
書本，因此靖國通上的書店
都集中在南邊一側。

揚子江菜館 → P.97

さぼうる

內山書店 → P.97

十一軒長屋的部分建築
擁有馬薩式屋頂的昭和初
期建築物。

鈴蘭通一帶曾經是
中國城。

ラドリオ

老鋪喫茶店
靖國通再往前
走一點可以找
到一家懷舊的
喫茶店。

品川

麻布

荒木町

原宿

水道橋・神保町

神樂坂

雜司之谷

谷中

千駄木・根津

王子

---

① 倫巴底帶（Lombard band）：一種使用於建築物上的拱形裝飾帶，發源自義大利倫巴底，屬於羅馬式建築的牆面裝飾。

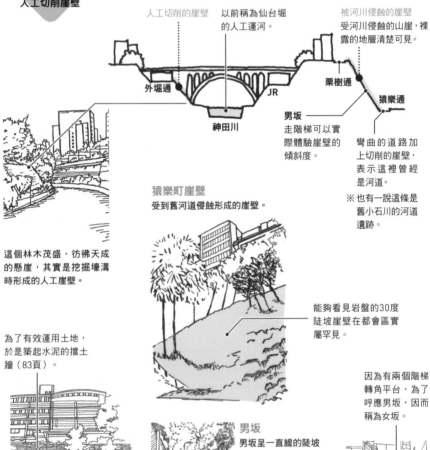

親身體驗突出的懸崖

駿河台崖地

河道侵蝕崖壁
人工切削崖壁

以前的神田川只要一下大雨，就會氾濫成災。德川幕府於是以挖掘壕溝的方式改變河道，也因此形成了人工的崖壁。從此河川不再氾濫，而曾經受河水侵蝕的土地往外突出，成為今日所見的天然懸崖。

人工切削的崖壁

以前稱為仙台堀的人工運河。

被河川侵蝕的崖壁
受河川侵蝕的山崖，裸露的地層清楚可見。

外堀通

神田川

JR

栗樹通

猿樂通

男坂
走階梯可以實際體驗崖壁的傾斜度。

彎曲的道路加上切削的崖壁，表示這裡曾經是河道。

※ 也有一說這條是舊小石川的河道遺跡。

猿樂町崖壁
受到舊河道侵蝕形成的崖壁。

這個林木茂盛、彷彿天成的懸崖，其實是挖掘壕溝時形成的人工崖壁。

能夠看見岩盤的30度陡坡崖壁在都會區實屬罕見。

為了有效運用土地，於是築起水泥的擋土牆（83頁）。

因為有兩個階梯轉角平台，為了呼應男坂，因而稱為女坂。

男坂
男坂呈一直線的陡坡（約30度）與崖壁的斜度相同，由此可知有多麼陡峭。

女坂
這是關東大地震之後為了避難而設置的階梯，與寺廟或神社裡的男坂女坂並不相同。

Athénée Français
後方的崖壁
來到這裡，可以實際體驗崖壁超過10公尺的感受。

神保町的另一個面貌

神保町一帶曾經是日本規模僅次於橫濱的中國城

追尋中國城的軌跡

明治後期，來自滿清的留學生為了學習日本的近代化而來到日本。這一帶有許多招收留學生的大學與宿舍，中國餐館也因此愈來愈多，最後形成了一個中國人社區。

東方學會
（戰前稱為日華學會）

建於大正十五（1926）年，提供中國留學生援助及住宿。這附近還有不少提供援助的相關單位，但如今僅存的建築就只有這裡。

滿清將明治維新視為範本，派遣了許多留學生渡日。明治末期，這裡形成了一個大約有一萬名留學生的中國人社區。

戮力打造新中國的年輕人們（孫文、魯迅、蔣介石、周恩來等）經常在這附近活動。

東亞高等預備校遺跡

「周恩來在此求學」石碑
周恩來十九歲時曾到日本留學。他因批判東亞高等預備校的創校人松本龜次郎的中國政策而聞名，致力於推動中國革命運動。

鈴蘭通與櫻花通上中式餐館林立，儼然成了中國城。

漢洋樓
創業超過一百年的老店，孫文、周恩來等人也經常來此。店內入口處有關於周恩來等曾經來店的介紹。

咸亨酒店
（新世界菜館別館）
以紹興酒的產地一浙江省紹興市實際存在的店家為藍本所興建。魯迅的故鄉在紹興，這家店就經常出現在他的小說中。

留學生們對二手書店也頗有貢獻。他們會告訴店家中國書的價值，回國時也會來買些學術方面的書籍。

揚子江菜館
創業於明治三十九（1906）年，是中國留學生時代就有的老店。

模擬富士山的元祖中華涼麵。

內山書店
創業者為魯迅的庇護者，是一家歷史悠久的中國書專賣店。

從老店一窺二手書店的規則

從隱身在昭和初期建築物裡營業的大久保書店，可以獲得兩個訊息：一個是二手書店定型化的店內擺設方式，二是有機會欣賞昭和初期的二手書店外觀。

大久保書店

從這間建於昭和五（1930）年的店家，可以窺見二手書店的一些規則。重點有三個。

①一樓的門面雖然不寬，還是分成了三等分：中央的展示櫥窗與左右兩個出入口。這是相當定型化的設計。

長屋清一色的馬薩式屋頂❷成為時代的象徵物。

②通道呈U字形，對於老闆監視全場，客人行走的動線、書籍的陳列等都十分方便。

上二樓（起居室）的樓梯在裡面。

③櫃檯設置在最裡面，利於老闆監視全場，也方便顧客與老闆密談書籍。

從正門的展示櫥窗就知道該書店販售的書籍類別。

◀約3.2公尺▶

①、②、③都是二手書店的定型化設計。

> 昭和初期有不少馬薩式屋頂長屋、看板建築與摩登的西式建築。

十一軒長屋

建於昭和五（1930）年。震災後的重建項目之一，是擁有馬薩式屋頂、十一間相連的長屋。面對靖國通的二手書店街，至今依舊有部分殘存。

目前為「書與街的案內所❶」，可以協助尋找專門書籍。

店面擴張後，採用西歐最流行的維也納分離派（Wiener Secession）設計。

一誠堂書店

建於昭和六（1931）年，是創業超過百年的老店。

從樓梯可以看出建築物的悠久歷史。

DATA
千代田区神田神保町 1-7
03-3292-0071

即使店面拓寬了，依舊維持與馬薩式屋頂建築時代相同的中央展示櫥窗，兩側為出入口的設計。

矢口出店／古賀書店

建於昭和三（1928）年，店裡陳列了許多與電影及音樂相關的專門書籍。神保町聚集了眾多專門店，有如二手書的百貨公司。

---

❶ 案內所：諮詢處
❷ 馬薩式屋頂：指具有兩種不同傾斜度的屋頂，又稱複折式屋頂。

三茶三樣。買好書，找一家喜歡的店坐坐吧

品川
麻布
荒木町
原宿
水道橋・神保町
神樂坂
雜司之谷
谷中
千駄木・根津
王子

老鋪喫茶店

**撐起二手書店街
的好幫手**

在巷弄間，可以找到一些還在營業的喫茶店。拐入靖國通的巷子，四周頓時寧靜了下來。這裡非常適合悠哉地閱讀剛剛買的二手書。以下介紹的三家喫茶店，彷彿與周遭環境融為一體，從容自在地藏身於巷弄之中。

夾在靖國通與
鈴蘭通之間的巷弄

在巷道裡，時間彷彿停止了流動。喝一杯咖啡，瞬間就將人拉回到學生時代。這三家喫茶店，依然保留著昔日的姿態。

Milonga Nueva
在這棟彷彿從電影裡蹦出來的紅磚建築裡，舉目所見盡是黑膠唱片。

唱針的「嘰滋」聲，帶領聽眾穿越時空，回到舊時代。

DATA
千代田区神田神保町 1-3
03-3295-1716

車輛無法進入的巷道種滿盆栽，「以人為本」的巷弄風情充滿了魅力。

LADRIO
以日本第一家提供「維也納咖啡」的喫茶店而聞名。

DATA
千代田区神田神保町 1-3
03-3295-4788

收據背面有維也納咖啡的印章！

逃過戰火的摧殘、隱身於殘存的巷弄間的老鋪喫茶店，非常適合在這裡度過一段悠閒時光。

さぼうる
說到神保町就不能不提這家店。創業於昭和三十（1955）年，開店至今已經超過六十年。

DATA
千代田区神田神保町 1-11
03-3291-8404

堆成小山的定番拿坡里義大利麵

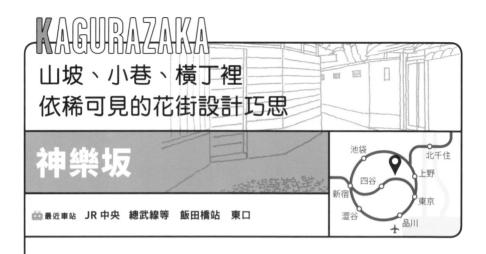

KAGURAZAKA

山坡、小巷、橫丁裡
依稀可見的花街設計巧思

神樂坂

🚉 最近車站　**JR 中央　總武線等　飯田橋站　東口**

池袋　北千住
上野
四谷
新宿
東京
澀谷
品川

以樹狀分布的概念
漫步神樂坂

　　神樂坂街町的分布如同一棵大樹：以神樂坂通為主幹，朝左右伸展的巷道（斜坡）如同樹枝，錯落於枝頭的一家家料亭就像是綠葉。樹幹、樹枝與樹葉各具特色，逐一欣賞這些特點，正是漫步神樂坂最有趣的地方。

　　這個街町自明治時代就相當繁華，每逢與毘沙門天相關的慶典祭日，這裡就會聚集人潮，熱鬧極了。此外，這裡也曾經是響叮噹的花街，昔日著名的文學家經常光顧的料亭，至今依舊照常營業。

　　我們就以飯田橋站前方的江戶城牛込門石垣作為散步的起點吧。石垣的房角石還保有完整的曲線。接下來，我們就從牛込門前往神樂坂吧。

　　熱鬧的神樂坂通上有不少自明治時代創業至今的老店。從賣稿紙的文具店、草鞋店、陶器店等等，可以看出這條大街曾經是文學家與花街的堅強靠山。

　　從神樂坂通轉入巷弄內，便是花街了。不同於熱鬧滾滾的神樂坂通，巷弄間的幽靜風情令人眼睛為之一亮。由於神樂坂位於高處，因此這裡的每條巷子都是下坡路。由於地形的關係，斜坡或階梯遮住了遠方的視野，也為前往亭的路上增添不少期待感。

　　斜坡也是銜接神聖與世俗的空間。藝妓們在坡下的錢湯將自己打理好，到坡上的稻荷神社參拜之後前往表演的地方。換句話說，斜坡正是藝妓們轉換身心情緒之地。

　　各位或許已經發現，神樂坂的巷弄是無法一眼看到底。其實這樣的設計是故意的。花街的出入口為巷道，這裡的路既陡又窄，可以讓人迅速遁入花街裡。因此，細窄的巷道也成了花街的出入口標誌。

　　此外，這裡也會介紹分辨花街料亭的方法。雖然料亭如今已經轉作他用，依舊散發著獨特的趣味。找出這些趣味之處，也是漫遊神樂坂的樂趣之一呢。

　小知識 ▶ JR飯田橋站西口因為改建的關係，預定於平成三十二（2020）年封閉。

品川

麻布

荒木町

原宿

水道橋・神保町

神樂坂

雜司之谷

谷中

千駄木・根津

王子

赤城神社內的斜坡
東京都內七大崖壁之一。

AYUMI GALLERY
英國半木結構風格（89頁）的木造建築。

赤城神社
牛込的總鎮守，為江戶三社之一。

居酒屋KADO

二手書店 clasi,co shoten

這裡的民房經過巧妙的修建，不少店家都帶有濃厚的昭和復古氣氛。

袖摺坂
路面如摺袖般狹窄，是江戶時代就有的坡道。

GOAL

牛込神楽坂駅

早稲田通り

大久保通り

神楽坂上

神樂坂通 → P.102
江戶時代是個階梯狀的坡道。

毘沙門天（善國寺）
堪稱神樂坂地標的毘沙門天，使者為寅。鎮守此處的是狛虎而非狛犬。

兵庫橫丁 → P.105
階梯高度與曲折方式都十分巧妙的巷弄空間。

可順道參觀神樂坂組合稽古場、伏見火防稻荷社，以及熱海湯的熱海湯坂。

加賀

神樂坂組合稽古場

熱海湯

本多橫丁
定食屋與居酒屋林立。

熱海湯坂 → P.103
神樂坂通南邊的坡道多，藝妓們經常往來於此，是相當具有風情的坡道。

伏見火防稻荷社

田口生花店

神楽坂下

飯田橋駅

外堀通り

捉迷藏橫丁 → P.104
零星分布著幾家料亭的花街巷弄。坡道陡而窄，算是花街的出入口。

外濠

飯田橋駅

CANAL CAFE

START

藝者新道
據說這是藝妓為了避免出現於表通而使用的通道。坡道較陡之處，傾斜程度與舊時的表通相同。

房角石的曲線（拋物線）[1]非常美麗。

牛込門石垣
德島藩主蜂須賀忠英在寬永十三（1636）年所建造。

---

[1] 拋物線：一條直線放鬆後所呈現的弧線，譬如垂掛的注連繩（譯註：稻草編織的繩，常掛於神社作為辟邪之用）。

由大道上的老店推想舊日的街町景象

在能夠盡情大啖美食神樂坂通上，以往也是文人雅士或與花街相關的店家聚集之處。探訪這些至今依舊還在營業的老店，從他們因應時代所提供的商品，可以看出老店與街町深厚的依存關係。

②相馬屋

萬治二（1659）年以造紙店起家，目前為文具店。在文學家尾崎紅葉的建議下，成為日本第一家販賣稿紙的店。

④助六

創業於明治四十三（1910）年的飾品與鞋店。飾品、木屐深得藝妓們的喜愛。

①毘沙門天

每逢尾數為五的日子，這裡就格外熱鬧。

③丸岡陶苑

創業於明治二十五（1892）年，有不少料亭必備的陶器製品。

⑤龍公亭

創業於明治二十二（1889）年，當時為壽司屋，進入大正時代之後改為中華料理店。

大久保通り

②相馬屋

毘沙門天①

神樂坂通

丸岡陶苑③
助六④
⑤

仲通り

龍公亭

志滿金⑥
⑦
⑧ 不二家

CANAL CAFE ⑨

外堀通り

紀之善

⑥志滿金

創業於明治二（1869）年，當時為牛肉火鍋店，目前則經營鰻魚店，深受熱愛美食的大老爺們的歡迎。

⑦紀之善

文久・慶應（1860年代）時代為從事職業仲介的口入屋❶，現為甜點鋪。花街裡經常可見日式點心與甜點鋪。

⑨CANAL CAFE

位於外護城河畔的餐廳，可以邊欣賞夕陽，邊享用義大利菜。也可以坐在戶外的甲板座位啜飲咖啡，享受在水上漂浮擺盪的樂趣。

⑧不二家

PEKO CHAN造型的大判燒，只有這裡買得到。

上下分成聖俗兩個世界的斜坡道

熱海湯坂

眾多坡道中的佼佼者

坡道是神聖與世俗的分界線。坡道上方是神聖的稻荷神社，坡道下是代表世俗的錢湯。上坡與下坡時的景色大相逕庭，同時也能感受到截然不同的聖俗氛圍。

隔著二樓的窗戶可以聽見彈奏三味線的音樂聲。

昭和初期深受歡迎的黃芥末色磁磚。

神樂坂組合稽古場
這裡是見番街。稽古場[1]兼事務所（舊稱見番）一旁就是伏見稻荷。

伏見火防稻荷社
可以庇佑住家戶平安、生意興隆，是花柳界必拜的神明。來這裡或許可以巧遇藝妓。

上坡（聖）

將刻在玉垣上的料亭、置屋名稱記下來，便能按圖索驥了。

以前，藝妓會先在澡堂將自己打理乾淨，然後到坡上的伏見稻荷社合十參拜，接著去見番[2]，再前往表演的場所。這條長坡正是由俗淨化為聖的地方。附近也有藝妓常去的置屋[3]，因此這裡也稱為藝者小徑。

下坡（俗）

下坡時視線往上，視野良好。

熱海
入口處為具備歇山頂式破風結構的宮造建築[4]澡堂。

DATA
新宿區神楽坂 3-6
03-3260-1053

上坡時由於視線往下，因此會特別注意到腳邊的石垣、蔦蘿松、灌木等。

沿途的視線會隨著蜿蜒的斜坡不斷改變，石垣的高度也巧妙地跟著一起改變。

熱海湯坂
上坡與下坡時，沿途所見的景色大不相同。這裡建議走上坡路線。

富士山彩繪
透過彩繪，表達浴缸內的水來自富士山湧泉、能夠淨化身體的意象。

磁磚上繪有金魚圖案。

[1] 稽古場：歌舞練習場　　[3] 置屋：培訓藝妓的地方
[2] 見番：藝妓業管理所　　[4] 宮造建築：由專門建造神社寺廟的工匠打造的建築

透過現役料亭找出昔日的料亭

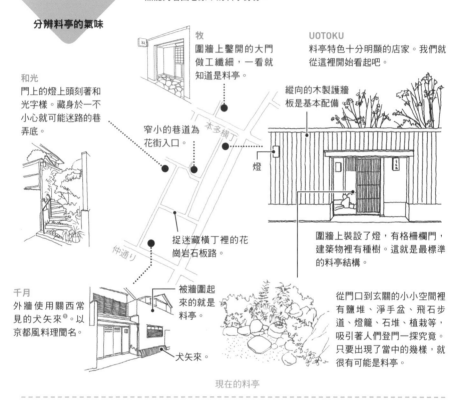

捉迷藏橫丁

分辨料亭的氣味

捉迷藏橫丁裡曾經是料亭雲集之地。如今愈來愈少見的料亭，散發的氣味與一般料理店並不相同。只要懂得分辨這個氣味，即使如今已經轉作他用，依然能夠看出它原本的料亭身分。

和光
門上的燈上頭刻著和光字樣。藏身於一不小心就可能迷路的巷弄底。

牧
圍牆上鑿開的大門做工纖細，一看就知道是料亭。

窄小的巷道為花街入口。

UOTOKU
料亭特色十分顯眼的店家。我們就從這裡開始看起吧。

縱向的木製護牆板是基本配備

燈

本多橫

仲通り

捉迷藏橫丁裡的花崗岩石板路。

圍牆上裝設了燈，有格柵欄門，建築物裡有種樹。這就是最標準的料亭結構。

千月
外牆使用關西常見的犬矢來❶。以京都風料理聞名。

被牆圍起來的就是料亭。

犬矢來。

從門口到玄關的小小空間裡有鹽堆、淨手盆、飛石步道、燈籠、石堆、植栽等，吸引著人們登門一探究竟。只要出現了當中的幾樣，就很有可能是料亭。

現在的料亭

- -

已轉作他用的料亭

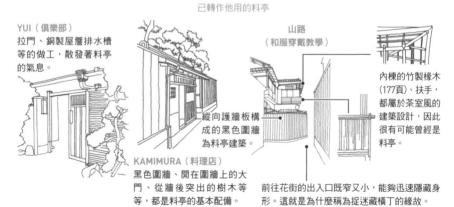

YUI（俱樂部）
拉門、銅製屋簷排水槽等的做工，散發著料亭的氣息。

縱向護牆板構成的黑色圍牆為料亭建築。

KAMIMURA（料理店）
黑色圍牆、開在圍牆上的大門、從牆後突出的樹木等等，都是料亭的基本配備。

山路
（和服穿戴教學）

內棟的竹製椽木（177頁）、扶手，都屬於茶室風的建築設計，因此很有可能曾經是料亭。

前往花街的出入口既窄又小，能夠迅速隱藏身形。這就是為什麼稱為捉迷藏橫丁的緣故。

從大馬路轉入巷道內，彷彿走進了異想世界

巷道裡具有大馬路沒有的封閉性，也令人有種想要一探究竟的期待感。注意路寬、高低差、彎曲方式等變化，便能一解這個異想世界之所以誘人的原因了。

兵庫橫丁

美麗小巷內的美味店家

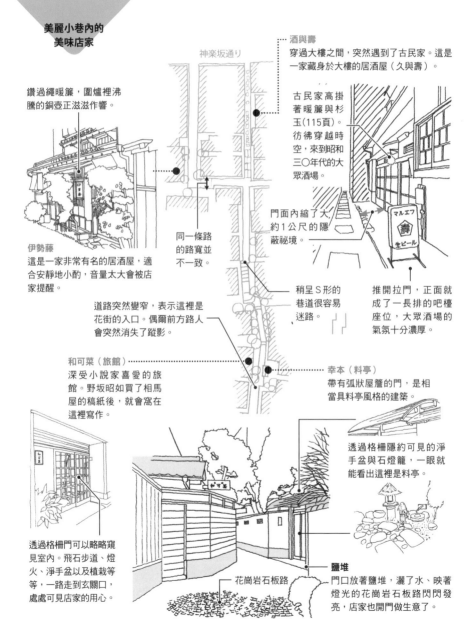

神楽坂通り

鑽過繩暖簾，圍爐裡沸騰的銅壺正滋滋作響。

伊勢藤
這是一家非常有名的居酒屋，適合安靜地小酌，音量太大會被店家提醒。

同一條路的路寬並不一致。

道路突然變窄，表示這裡是花街的入口。偶爾前方路人會突然消失了蹤影。

和可菜（旅館）
深受小說家喜愛的旅館。野坂昭如買了相馬屋的稿紙後，就會窩在這裡寫作。

透過格柵門可以略略窺見室內。飛石步道、燈火、淨手盆以及植栽等等，一路走到玄關口，處處可見店家的用心。

酒與壽
穿過大樓之間，突然遇到了古民家。這是一家藏身於大樓的居酒屋（久與壽）。

古民家高掛著暖簾與杉玉（115頁）。彷彿穿越時空，來到昭和三〇年代的大眾酒場。

門面內縮了大約1公尺的隱蔽祕境。

稍呈S形的巷道很容易迷路。

推開拉門，正面就成了一長排的吧檯座位，大眾酒場的氣氛十分濃厚。

マルエフ
壽
生ビール

幸本（料亭）
帶有弧狀屋簷的門，是相當具料亭風格的建築。

透過格柵隱約可見的淨手盆與石燈籠，一眼就能看出這裡是料亭。

花崗岩石板路

鹽堆
門口放著鹽堆，灑了水、映著燈光的花崗岩石板路閃閃發亮，店家也開門做生意了。

ZOSHIGAYA

歷代的總理大臣
最喜歡散步的東京第一崖

雜司之谷

最近車站 東京地鐵副都心線　雜司之谷站　2號出口

山坡上的豪宅群及
山坡下零星點綴的水景

從位於豐島區及文京區的目白台高地一路緩降到神田川（江戶川）的地區，視野非常好，也因此成為歷代總理大臣等政商名流興建豪宅的指定地。往南延伸的坡地是由神田川侵蝕而成，為寬度約五百公尺的廣闊崖地。

地形富於變化的雜司之谷，值得一看的地方有三：山坡上的寺廟神社、善用斜坡地的豪宅與庭院，以及山坡下保有與水相關史蹟的神田川沿岸。

首先，從雜司之谷車站出發，沿著櫸樹綿延的參道前進，來到鬼子母神堂。這座建於天正六（1578）年、豐島區最古老的建築物，至今依舊奉祀著保佑產婦與幼童平安的神明。大家不妨從母與鬼兩個不同面向，探討它們各自所象徵的意義吧。

從鬼子母神堂後方往目白通的方向走有座高台，從這裡眺望山坡的視野非常棒。這是因為神田川谷十分廣闊、對岸的山丘也不高的關係。視野遼闊加上日照極好，

難怪會成為上流人士眼中的寶地。

步下宿坂沿著神田川走，這裡有肥後熊本藩細川家的迴遊式庭園。我們將會介紹如何欣賞這座迴遊式庭園，以及裡頭又是如何善用因地勢起伏而產生的湧泉。

離開庭園，繼續順著神田川步行，可以見到許多與水相關的史蹟，例如水神社、關口芭蕉庵、大洗堰遺跡等，可以從中獲得許多相關的歷史知識。

從數個坡地中挑選看頭較多的胸突坂，上去瞧瞧吧。比起陰暗的下坡，山坡上的光線充足明亮。這裡有和敬塾、永青文庫等曾經屬於細川家的豪宅群以及蕉雨園，可以見識一下高台獨有的屋舍結構。

街町散步的最後一站是曾經是山縣有朋住宅的椿山莊。你可以在山坡上的咖啡館盡情觀賞四周的房舍建築，也可以在山坡下零星分布於庭院裡的別館所改建的餐廳，讓自己沉浸在明治重鎮的氛圍裡，以綠樹圍繞的美麗水景為伴，一邊享用美食。

小知識 目白台有不少基督教的相關設施，例如舊宣教師館、天主教東京總教區的主教座堂關口教會等等。

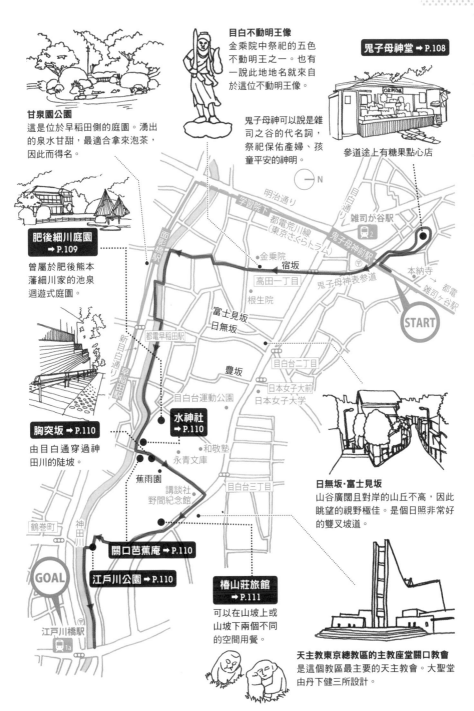

甘泉園公園
這是位於早稻田側的庭園。湧出的泉水甘甜,最適合拿來泡茶,因此而得名。

目白不動明王像
金乘院中祭祀的五色不動明王之一。也有一說此地地名就來自於這位不動明王像。

鬼子母神堂 ➡ P.108

鬼子母神可以說是雜司之谷的代名詞,祭祀保佑產婦、孩童平安的神明。

參道途上有糖果點心店

肥後細川庭園 ➡ P.109
曾屬於肥後熊本藩細川家的池泉迴遊式庭園。

胸突坂 ➡ P.110
由目白通穿過神田川的陡坡。

水神社 ➡ P.110

關口芭蕉庵 ➡ P.110

江戶川公園 ➡ P.110

椿山莊旅館 ➡ P.111
可以在山坡上或山坡下兩個不同的空間用餐。

日無坂・富士見坂
山谷廣闊且對岸的山丘不高,因此眺望的視野極佳。是個日照非常好的雙叉坡道。

天主教東京總教區的主教座堂關口教會
是這個教區最主要的天主教會。大聖堂由丹下健三所設計。

明治通り
學習院下
都電荒川線(東京さくらトラム)
鬼子母神前駅
雜司が谷駅
金乘院
宿坂
高田一丁目
根生院
富士見坂
日無坂
西目白通り
新目白通り
早稻田通り
都電早稻田駅
豐坂
目白台運動公園
目白台二丁目
日本女子大前
日本女子大學
和敬塾
永青文庫
蕉雨園
講談社野間紀念館
目白台三丁目
鬼子母神表參道
本納寺
雜司ヶ谷駅
都電 雜司ヶ谷駅
START
神田川
鶴卷町
江戶川橋駅
GOAL

品川
麻布
荒木町
原宿
水道橋・神保町
神樂坂
雜司之谷
谷中
千駄木・根津
王子

參拜鬼子母神與北辰妙見大菩薩

鬼子母神堂

找出神殿裡的兩個不同面向

堪稱雜司之谷的代名詞，主祭安產、佑子之神的鬼子母神堂，裡面有母像與鬼像，緊連的內殿則祭祀北辰妙見大菩薩。參拜本殿的鬼子母神與內殿的北辰妙見大菩薩的同時，也能深入觀察這座神殿所具備的雙重性格。

神名當中夾了個子字，還可見母與鬼二字。

少了角的「鬼」字代表心境已改，立地成佛。

芒草貓頭鷹
以芒草編成的貓頭鷹鄉土玩具，有助於生意興隆，是相當著名的土產。

兩座鬼子母神像
原本是專攜人類幼童吃掉的鬼神，受到釋迦牟尼佛的教化，於是化身為庇佑孩童的母神。在這裡可以同時見到面帶微笑的母親手上抱著嬰兒的菩薩像，以及主要用來祈禱、呈雙手合十之姿的鬼像。

母像　　鬼像

如同一般的神社，鬼子母神堂的內殿位於北方，祭祀神格化的北極星—北辰妙見。

繪馬
奉祀繪有可食用的石榴圖案繪馬來代替孩童。

內

妙見堂

鬼子母神堂

外

正面的本殿祭祀鬼子母神。

內殿的繪馬
在妙見堂，祀有輔助北極星的北斗七星七曜紋繪馬。

鬼子母神為女神，北辰妙見為男神。這個部分也具備了雙重性格。

北辰妙見大菩薩坐鎮在神堂的「內殿」。

肥後細川庭園
（舊 新江戶川公園）

迴遊式庭園的
散步祕訣

庭園的散步祕訣是找出最重要的觀景點

這是位於細川家領地的池泉迴遊式大名庭園。大池附近有燈籠、石塔、名樹等等，都是相當重要的觀景點。大家不妨按照①～④的順序，將值得一看的景點一手包辦。

①綜觀全景
一開始先找個能夠環視整座庭院的地方，看看大池的形狀，接著再找大池周圍的景點。

由大、中、小池串連而成的葫蘆形。

正面左手邊前方的奧山正是水源的源頭。左邊稱為奧。

②從燈籠處遠眺的景觀
身為景點的燈籠，所在之地就是個觀景點。從這裡朝不同方向可以看到不同的幾個景點。

山路與永青文庫相通。
*開門時間要再確認。

注水與瀑布都是池水的來源。視線會隨著水流移動，從西往東的方向觀賞景色。

瀑布
形成水池另一個出水口的小瀑布。

注水
往池中放水。水以階梯狀方式流出是一大特色。

在這裡可以看到以繩索串起的雪吊，冬天時可避免松樹被雪壓壞。

上面蓋著大幢頂的是雪見燈籠。

□ 表示為景點。

③從禮拜石遠眺的景觀
站在突出於池中的禮拜石上，可依據石頭的不同角度欣賞不同方向的景色。

順著飛石步道的方向走，站上禮拜石之後角度一變，就能看到土橋的正面了。

④從見晴台遠眺的景觀
見晴台是相當重要的觀景點。從這裡看過去，景點全都位在與對岸燈籠相連的一直線上，堪稱絕景。

聳立山坡上的豪宅與山坡下的史蹟

胸突坂

坡道的四周有什麼呢？

從目白台的高台穿過神田川，往下來到胸突坂。光線明亮、土質乾爽的山坡上方蓋了許多視野極佳的宅邸。神田川於山坡下緩緩流動，與江戶人的飲水來源密不可分的神田上水[1]，在這裡依舊可以見到不少的相關史蹟。

蕉雨園是明治時期的官員田中光顯的舊宅邸。內部不開放參觀，從園牆外可以略為窺見這棟充滿日式風情的豪宅。

目白通り

講談社
野間紀念館

男生宿舍。原本是肥後熊本藩細川家的土地，領地內還保留著宅邸。
※通常不開放參觀，但不定期會開放。

和敬塾

乾燥土地

蕉雨園

永青文庫

潮濕土地

肥後細川庭園

胸突坂

關口芭蕉庵

水神社

旅館椿
山莊東京

神田川

胸突坂
名稱的由來是形容坡道極為陡峭，上坡時膝蓋幾乎要撞到胸口。上下這條陡坡時可以分別見到截然不同的風景。

江戶川公園

關口這個地名，來自此處為神田川的關口（出入口）之意。

保存、展出細川家的文化遺產及古美術的美術館，為昭和時代初期的建築物。

身為神木的大銀杏散發強烈的存在感。

江戶川公園
公園裡有神田上水的大洗堰複製品。豐富的湧泉造就了神田川，成為江戶市民的飲水來源。

水神社
祭祀的是守護神田川關口水門的水神。神田・日本橋的居民們會來這裡參拜，以感謝神田上水的恩惠。

關口芭蕉庵
與神田川上水工程息息相關的松尾芭蕉之居所。庭園內立著寫有詩文的紀念碑。

[1] 上水：輸送飲用水的管道

與山坡所呈現的氣氛及趣味性大相逕庭的兩家餐館

旅館 椿山莊東京

重溫明治時代的重鎮氛圍

山縣有朋[1]挑選了這塊土地，在山坡上蓋豪宅，再利用坡下的湧泉打造庭園。現在，山坡上有一間開放式的咖啡館，坡道中途有讓遊客轉換心情的小驚喜，山坡下則是可靜心品嚐美食的日本屋舍，能重溫昔日的重鎮氛圍。

坡道上　視野良好，可以遠眺豪宅

Café FORESTA
坐在擁有大面玻璃窗的大廳咖啡座飽覽美景，感覺自己就像享受著咖啡時光的高官重臣。只在六、日及例假日營業。

蛋糕套餐
有時候蛋糕盤上還會特別繪製椿花圖案做為裝飾。

DATA
文京区関口2-10-8
ホテル椿山荘東京 プラザ3F
03-3943-5489

坡道中　這裡剛好是上下坡道的分界點，有一些讓人心情為之一振的小驚喜。

羅漢石
這裡有二十尊由伊藤若冲打草稿，再以石塊雕刻而成的石像。

大約一百種椿花
一整片野生的椿花，正是椿山莊名稱的由來。

螢澤
小河潺潺的流水聲，令人誤以為來到了溪谷。初夏時還可見到螢火蟲。

坡道下　利用湧泉打造的庭園令人心曠神怡

蕎麥麵店無茶庵
隱藏於日式房舍中的蕎麥麵店。庭院裡巨石與湧泉及流水的巧妙設計，彷彿身處於崖下幽谷之中，享受片刻的寧靜之樂。

位於庭園下方的日式房舍裡，聚集了不少經營會席料理與料亭的日式餐館。

冠木門
結束庭園散步後，從這個出口出去可以到達神田川。

蕎麥麵
除了套餐，也有價格合理的單點菜單。

DATA
文京区関口 2-10-8
ホテル椿山荘東京 庭園内
03-3943-5489

❶ 山縣有朋：曾任內閣總理大臣、第一代陸軍元帥，是明治時代的有力人士。興趣是造園，京都的無鄰菴、小田原的古稀庵庭園等都是他的作品。

YANAKA

在尾根道遇見藝術，在巷弄間遇見長屋

谷中

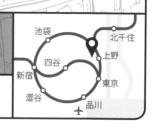

🚇 **最近車站** JR 山手線等　日暮里站　西口

因寺町而繁榮的老鋪及為藝術應運而起的老店

　　谷中是相當受歡迎的散步地區，每逢假日就聚集了大批人潮，十分熱鬧。這裡是東京都內首屈一指的寺町[1]，但吸引人們造訪此地的，除了寺廟，還有其他令人無法抗拒的魅力。找出這些魅力點，便是優游此區的最好方式。

　　首先，我們從北邊的日暮里站開始吧。沿著谷中台地呈南北走向、通稱「初音通」的山路南下，沿途寺廟數量之多，著實驚人。星羅棋布的寺廟之間穿插著許多商店，販售與寺廟相關的榻榻米、石頭、植栽、線香等等。但仔細一看，其間也有一些販賣馬口鐵器、銅壺、玳瑁、象牙的店家，甚至還有美術館及藝廊，這些商品與寺廟無關，反倒是與藝術關係密切。山路的盡頭是東京藝術大學（藝大），因此這個街町多少也受到了藝術的薰陶。

　　原為寺町的谷中地區，在明治時期藝大成立之後，職人與老師也愈來愈多

了。職人開設的店家集中在大馬路邊，學徒與一般居民則住在後街裡。自然發展出的巷弄，形成了特有的街巷居住文化。街巷內的公共空間，居民們在此享受植栽之樂，孩子們則在這裡遊玩嬉戲。如今，這些巷道也成為吸引人們一遊的獨特魅力。

　　在這裡要介紹的，是曾經為1980年播映的NHK晨間小說連續劇〈早乙老師〉[2]拍攝地點而聞名的巷道。時間彷彿被拉回到六十年前，建於昭和初期的四軒長屋防火用水，以及守護地方的地藏與稻荷神社依舊健在。這裡絕對是到此一遊時必訪的街巷。

　　街町散步的最後，就結束在庶民的廚房—谷中銀座吧。除了來訪的觀光客，居民也經常利用此地，因此在街上有機會與當地人接觸。在這個車輛開不進來、巷道寬度適中的封閉式區域內輕鬆享受邊吃邊逛的樂趣，也是谷中吸引人的地方之一。

---

❶ 寺町：江戶時代，寬永寺在上野落成以後，谷中就陸續出現許多寺廟，至今已經有七十餘座。
❷ 〈早乙老師〉：若村麻由美主演，故事內容描述在淺草長大的江戶之子前往大阪的男子中學擔任英文老師的奮鬥歷程。

初音小路依舊保有戰後黑市的氛圍。

復古的展示櫥窗及誘人的香氣，令人不自覺地停下腳步。

谷中煎餅信泉堂 ➡ P.115

都煎餅 ➡ P.115

店家販售辦法會時一定要有的煎餅。

谷中銀座 ➡ P.119

可以站著吃吃喝喝，輕鬆地與當地人話家常的商店街。

和泉家石材店 ➡ P.115

從明治中期開始販賣墓碑。

GOAL

夕やけだんだん

START

始自江戶時代的象牙店，目前已經是第三代。谷中有不少雕刻手藝精湛的師傅。

本授寺

初音小路

若葉藝廊 ➡ P.114

初音通

舊 銅菊・吉川馬口鐵店 ➡ P.114

銅菊是販賣銅壺的店家。與馬口鐵店一樣，店內敲打金屬板的「咚噹噹」聲音不絕於耳。

觀音寺

以熨斗瓦堆成的築地塀❶。

朝倉雕塑館 ➡ P.114、118

同時展示朝倉文夫的作品，是一座匠心獨具的建築物。

香鄰舍

赤塚玳瑁店 ➡ P.114

這裡可以參觀玳瑁的加工製造過程，也可以體驗自己做點小東西。

SPACE 小倉屋藝廊 ➡ P.114

從江戶時代營業至今的當鋪。建築物已經登錄為文化遺產，可入館參觀。

大圓寺

兩座並列的唐破風相當罕見。

詩仙香房 ➡ P.115

散發著怡人清香的線香製造、販賣店。

全生庵

三遊亭圓朝的墳墓在此。

三崎通り

↓藝大

墓地茶屋 ➡ P.115

明治時期的建築物，從外觀可以明顯看出原本是一間茶屋。

舊 伊勢五本店 ➡ P.115

出桁造建築的巨大梁木值得一看。現在是腳踏車行。

店門口高掛著杉玉（115頁），可知之前這裡也曾經賣酒。

連續劇《早乙老師》的拍攝地點。

復古的茶屋，裡還有一座手壓幫浦。

〈早乙老師之巷〉➡ P.116

谷中地區的巷弄非常多。路邊凜然而立的長屋是這條巷子最美麗的風景。

❶ 築地塀：以泥土與瓦片交疊而成的泥牆

販售與藝大相關的美術工藝品老店

初音通上可以見識到兩種不同的老店風情：與藝大相關的工藝美術品老店，以及與寺廟相關的老店。能夠分辨出專做觀光客生意的新興店鋪與歷史悠久的老店，才能真正看見這條路的昔日榮景。首先，我們來去拜訪販賣工藝美術品的老店吧。

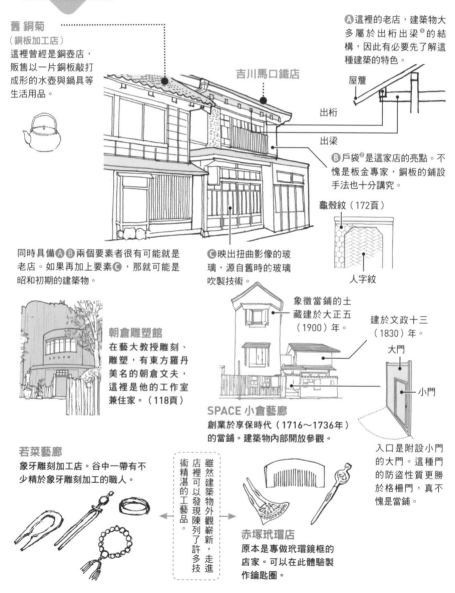

舊 銅菊
（銅板加工店）
這裡曾經是銅壺店，販售以一片銅板敲打成形的水壺與鍋具等生活用品。

吉川馬口鐵店

Ⓐ這裡的老店，建築物大多屬於出桁出梁❶的結構，因此有必要先了解這種建築的特色。

屋簷

出桁

出梁

Ⓑ戶袋❷是這家店的亮點。不愧是板金專家，銅板的鋪設手法也十分講究。

龜殼紋（172頁）

人字紋

同時具備Ⓐ Ⓑ兩個要素者很有可能就是老店。如果再加上要素Ⓒ，那就可能是昭和初期的建築物。

Ⓒ映出扭曲影像的玻璃，源自舊時的玻璃吹製技術。

象徵當鋪的土藏建於大正五（1900）年。

建於文政十三（1830）年。

大門

小門

朝倉雕塑館
在藝大教授雕刻、雕塑，有東方羅丹美名的朝倉文夫，這裡是他的工作室兼住家。（118頁）

SPACE 小倉藝廊
創業於享保時代（1716～1736年）的當鋪。建築物內部開放參觀。

入口是附設小門的大門。這種門的防盜性質更勝於格柵門，真不愧是當鋪。

若菜藝廊
象牙雕刻加工店。谷中一帶有不少精於象牙雕刻加工的職人。

雖然建築物外觀嶄新，走進店裡可以發現陳列了許多技術精湛的工藝品。

赤塚玳瑁店
原本是專做玳瑁鏡框的店家。可以在此體驗製作鑰匙圈。

❶ 出桁出梁：讓梁木突出於柱外，尾端再橫架上桁木的屋頂結構。強調氣派的商店通常會採用這種建築構造。
❷ 戶袋：收納雨戶的方盒

114

販售與寺廟相關商品的老店

不少人都會去寺廟參拜。寺廟裡除了定期的掃墓儀式或舉辦法會，偶爾也要舉行葬禮。谷中的老店們可以說是這些寺廟的後援部隊，從修補更換榻榻米或紙門、栽種樹木、製作墓碑、提供線香或酒等等，後援部隊的職業種類也多不可數。即使是與法會無關的煎餅，也與寺廟的關係密切。瞭解了箇中緣由，就更能體會這些老店的奧妙之處了。

谷中煎餅信泉堂

看板建築加上木框玻璃櫃，以及放煎餅的玻璃圓罐，都洋溢著復古風情。

由於偶爾會突然需要舉辦葬禮，能夠長時間保存的煎餅，成了寺廟貢品的及時雨。

谷中的煎餅屋大多是手工烤製，飄散著迷人的醬油香氣。○與口各代表天與地。所謂天圓地方，這兩者合起來就代表宇宙。

天

地

都煎餅

彷彿身處黑市的氛圍，令人聯想到飲兵衛橫丁。位於初音小路。

舊 伊勢五本店

一、二樓皆為出桁出梁結構。上面掛上杉玉[2]，表示這裡是酒屋老鋪。舉行法會時通常會需要酒。屋齡有八十年。

屋簷下高掛著暗示店裡進了新酒的杉玉。

現在是自行車行。

詩仙香房

舉辦法會一定得使用線香。此外，這裡也有香包、室內芳香劑等等各種與香有關的商品。

墓地茶屋

谷中靈園入口處的茶屋建於明治時期（1868～1911年）。屋簷下擺著茶屋三寶：水桶、掃帚與茶几，是一家復古風情十足的茶屋。

和泉家石材店

創業一百三十年的墓碑店。谷中靈園前分店也有販售供佛的花。

店門口依舊保留著掃墓時一定會用到的手壓幫浦。

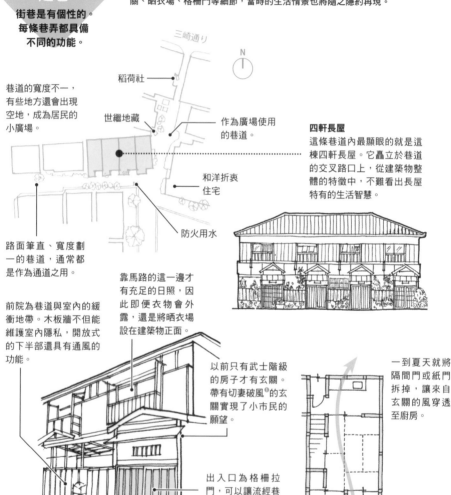

〈早乙老師〉
之巷

**街巷是有個性的。
每條巷弄都具備
不同的功能。**

谷中有許多巷道。我們來參觀一下這條曾經是連續劇〈早乙老師〉拍攝地點的巷子吧，裡面還能看到典型的昭和時期長屋。找一間長屋，仔細觀察玄關、晒衣場、格柵門等細節，當時的生活情景也將隨之隱約再現。

三崎通り

N

稻荷社

世繼地藏

巷道的寬度不一，
有些地方還會出現
空地，成為居民的
小廣場。

作為廣場使用
的巷道。

和洋折衷
住宅

防火用水

路面筆直、寬度劃
一的巷道，通常都
是作為通道之用。

前院為巷道與室內的緩
衝地帶。木板牆不但能
維護室內隱私，開放式
的下半部還具有通風的
功能。

靠馬路的這一
邊才有充足的日照，因
此即便衣物會外
露，還是將晒衣場
設在建築物正面。

四軒長屋
這條巷道內最顯眼的就是這
棟四軒長屋。它矗立於巷道
的交叉路口上，從建築物整
體的特徵中，不難看出長屋
特有的生活智慧。

以前只有武士階級
的房子才有玄關。
帶有切妻破風❶的玄
關實現了小市民的
願望。

出入口為格柵拉
門，可以讓流經巷
道的風引入室內。

一到夏天就將
隔間門或紙門
拆掉，讓來自
玄關的風穿透
至廚房。

玄關

庭院

昭和前期的長屋

大正時期之後，開始出現二層樓的房
屋。高度偏低的二層樓房屋或平屋，
則很有可能是明治時期的產物。

兩平方公尺左右的小院子。有了玄
關與庭院，即便是長屋，感覺就跟
住在一般的房子裡沒兩樣。

廣場化的街巷

從三崎通穿過夾在建築物間的陰暗巷道，明亮的陽光迎面而來。這裡雖然是巷道，感覺卻更像是居民們駐足聊天小的廣場。環顧四周的地藏、稻荷、防火用水等等街町配角，這裡根本就是個廣場無誤呀。

防火用水
戰前的防火用水設備，至今依舊保留著，成為魚兒優游的泳池。

防災工作是社區大事，同時也能聯絡鄰里情感。

稻荷神
稻荷又分為個人的稻荷與社區的組稻荷❶。個人的稻荷主要是祈求家中平安，組稻荷則是住在巷弄裡所有居民的守護神。

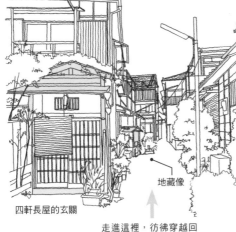

地藏像

四軒長屋的玄關

走進這裡，彷彿穿越回到了昭和初期年代。

世繼地藏
地藏面前有塊小空地，成為平日可容納兩、三個人站在這裡聊天的地方。放一張矮凳，就能在這裡度過一段悠閒的時光。

和館

洋館

和洋折衷住宅
昭和初期，由於嚮往洋館，於是在玄關旁附設了一間作為會客廳。和洋折衷住宅就這麼流行起來。

四軒長屋及位於對角線上的和洋折衷住宅。建於昭和六（1931）年。

❶ 組稻荷：守護地方鄉里的神明。屋敷稻荷則是庇佑住宅或土地的神明。

從建築物與庭院推想朝倉文夫的想法

這棟建築物是對日本近代雕塑有極大影響力的朝倉文夫，他的工作室兼住家。住家的部分為木造，工作室則是由水泥打造。擁住建築物的中庭一半以上被水池占據等等，隨處都能見識到朝倉文夫的思考與設計。

完成於昭和十（1935）年。在昭和初期，清水模與屋頂花園都是相當罕見，可見朝倉目光準確，早有先見之明。

屋頂庭園
園藝是朝倉雕塑學校的必修學分。除了培養觀察大自然的眼光，也提醒要如同孕育生命一般，為以泥土捏成的塑像注入生命。

土量雖然不豐沛，還是能孕育出茁壯高聳的橄欖樹。

工作室的天花板挑高8.5公尺，北側的大型天窗可以將反射於雲等的光線導入室內。從這裡也可以見到朝倉的設計巧思。

清水模❶
現代的做法是以合板作為灌注水泥的模板，但當時的模板乃是以細木條製成，可以清楚看見直線的木條痕跡。

DATA
台東区谷中 7-18-10
03-3821-4549

入口前可以看到朝倉所做的「雲」等作品。

採用傳統工法的和室房

以京胡麻竹加工而成的四角型的窗花。

以神代杉製成的舟底天井❷。

床柱

竹子

茶室
凹間的地板、床柱❸與天花板等都使用令人能夠吟味再三的材料，朝倉文夫的眼光確實很不錯。

站在玄關，透過窗戶可以見到中庭的綠地。回頭則與入口處的綠地連成一氣。

右手邊是建於大正十三（1924）年的舊工作室。

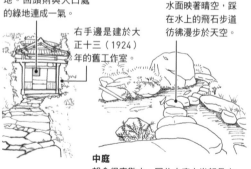

水面映著晴空，踩在水上的飛石步道彷彿漫步於天空。

中庭
朝倉很喜歡水，因此中庭大半都是水。水面的雲朵倒影以及搖曳的波紋，都為庭院增添了不少動感。不愧是藝術家設計的庭院。

---

118 ❶ 清水模：混凝土灌漿脫模之後不再做任何修飾處理，讓混凝土表面直接呈現出質感的工法。
❷ 舟底天井：呈倒V字形的天花板 　❸ 床柱：凹間與床脇之間的裝飾柱

觀光客與在地人彼此交流

谷中銀座

**重點在於
一家接著一家的熟食鋪**

步下著名的「夕陽階梯」，就是谷中銀座商店街了。這裡的街道不適合車輛進出，因此每天都可說是步行者天國。商店街裡有許多熟食鋪，土產店雖然不多，卻有不少觀光客流連此地。我們不妨實地走訪，看看為什麼會如此吸引觀光客吧。

對觀光客來說，能夠邊逛邊吃實在太開心了。

在越後屋本店的店門口，不少人將啤酒箱當椅子坐，當場喝了起來。

介紹一下谷中銀座
能夠邊走邊吃的超人氣小吃

黃湯下肚，話匣子也開了。這可是與當地人聊天的大好機會。

**「丸初福島商店」
的魚料理**

做成方便食用的串燒

**「KOBAYASHI」
的烤雞串**

**「佐藤肉品店」的
谷中炸肉餅**

分別裝在紙袋裡。

**「和栗屋」的
甜點**

可以邊逛邊吃的霜淇淋深受喜愛。

不少熟食店都提供外帶的服務。排隊時除了能與當地人交流，也能順便獲得更多元的在地資訊。

SENDAGI,NEZU

千駄木豪宅與市民打造的
根津門前町形成的強烈對比

千駄木・根津

最近車站 東京地鐵千代田線　千駄木站　2 號出口

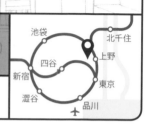

從豪宅仰望朱門生活
從門前町一窺庶民的智慧

千駄木到根津一帶為藍染川切削形成的谷地，呈現東西兩側隆起的斜坡地形。千駄木是大名的武家領地，蓋了許多下屋敷，斜坡上的樹林則作為庭園。這裡有兩個公園，須藤公園是其中之一。這是個善用斜坡綠地的大名庭園，山坡上有湧泉，泉水形成的涓涓小河與水流積聚於窪地匯成的池塘，形成了有趣的對比。

另一座公園千駄木交流之杜現已成為保護區，是一座能夠近距離欣賞自然美景的森林。從殘存的湧泉口與小廟舊跡，依稀可以勾勒出這座池塘庭園昔日的美麗身影。

接著，我們從千駄木之坂往上走。曾經是一片雜樹林的高台上，有不少巧妙借用樹景而建的大宅院。其中之一的舊安田楠雄宅邸，身上流著戰前豪門的血統，從建築物便能清楚想見當時的上流階級生活。

其次，我們朝著根津方向出發。相較於千駄木，這裡的區域劃分得更小，這也是兩地最大的相異之處。

漫遊根津，重點在於神社、遊廓與町家。有了參道，門前於是聚集了許多風化場所與土產店。遊客與香客為街町帶來了繁榮，町家也應運而生。沿著這些舊時足跡，依稀可見門前町往日的身影。

來到根津，一定不能錯過巷道。劃分成小區塊的地區長屋特別多，在這裡可以看到戰前的庶民生活。明治末期，美國傳教士來訪之後所打造的小巧教會，與長屋兩相依偎，彷彿正輕輕訴說著根津曾有的榮景，與庶民生活的往事呢。

街町散步的終點，就選在「はん亭根津」吧。這是今日已屬罕見的三層樓木造建築的少數僅存之一。倉庫通常都設置在屋外，這裡卻安置於屋內，讓客人在裡面用餐。這家店不論是食物還是建築物本身，都值得細細品味。

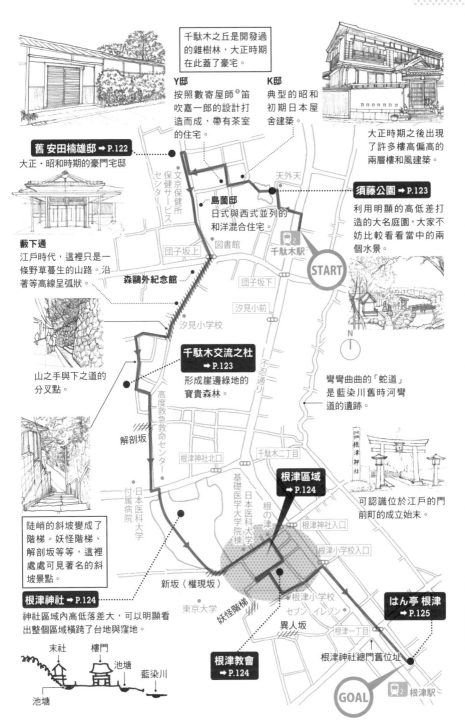

千駄木之丘是開發過的雜樹林，大正時期在此蓋了豪宅。

Y邸
按照數寄屋師[1]笛吹嘉一郎的設計打造而成，帶有茶室的住宅。

K邸
典型的昭和初期日本屋舍建築。

大正時期之後出現了許多樓高偏高的兩層樓和風建築。

舊 安田楠雄邸 ➡ P.122
大正・昭和時期的豪門宅邸

島薗邸
日式與西式並列的和洋混合住宅。

須藤公園 ➡ P.123
利用明顯的高低差打造的大名庭園，大家不妨比較看看當中的兩個水景。

藪下通
江戶時代，這裡只是一條野草蔓生的山路。沿著等高線呈弧狀。

森鷗外紀念館

山之手與下之道的分叉點。

千駄木交流之杜 ➡ P.123
形成崖邊綠地的寶貴森林。

彎彎曲曲的「蛇道」是藍染川舊時河彎道的遺跡。

解剖坂

可認識位於江戶的門前町的成立始末。

陡峭的斜坡變成了階梯。妖怪階梯、解剖坂等等，這裡處處可見著名的斜坡景點。

根津區域 ➡ P.124

根津神社 ➡ P.124
神社區域內高低落差大，可以明顯看出整個區域橫跨了台地與窪地。

新坂（權現坂）

根津教會 ➡ P.124

はん亭 根津 ➡ P.125

根津神社總門舊位址

START

GOAL

汐見前

汐見小学校

不忍通り

根津神社北口

千駄木二丁目

文京保健所保健サービスセンター

団子坂上

図書館

千駄木駅

団子坂下

高度救急救命センター

付属病院

日本医科大学

基礎医学大学院棟

日本医科大学

根の津

根津神社入口

根津小学校入口

根津小学校

セブン-イレブン

根津一丁目

東京大学

妖怪階梯

異人坂

根津駅

末社　樓門
池塘
藍染川
池塘

[1] 數寄屋師：專門設計、建造從草堂獲得靈感的茶室風建築的職人。

一探大正、昭和時期的豪宅生活

山坡上是錯落著許多大正時期豪宅的豪宅群，當中最引人注目的就是舊安田楠雄邸。當時非常流行在日式住宅裡安置一間西式洋房。一起來看看豪門極盡奢華的生活吧。

舊 安田楠雄邸
這棟由曾經打造豐島園的藤田好三郎於大正八（1919）年建造的建築，後來為安田財團一族所有。只有星期三、六開放收費參觀。

DATA
文京区千駄木 5-20-18
03-3822-2699

西式洋房使用的是胡桃木。胡桃木是相當高級的建材，具有稍帶野性的美麗木紋。

瓦斯壁爐
壁爐是西式洋房的必備配備。

西式洋房作為接待客人使用。

轉盤式電話
昭和二（1927）年登場的壁掛式2號電話機。

打開上蓋就是火缽，可以擺放木炭。

木製

火缽①
具有西式的外觀，可以將木炭與木炭夾藏在裡面。

木炭
木炭夾

製冰室

將食物放在下層冷藏

木製冰箱
直到昭和三十（1955）年之後插電式冰箱普及之前，一直都在服役中。

日式照明燈具
與和室十分搭配的鳥形鏤空裝飾是特別訂製的。

木製品最怕濕氣。特地利用高低差形成通氣口，增加透氣性。

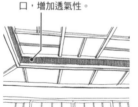

浴室天花板

霜花玻璃
在毛玻璃表面塗上動物膠②，乾燥之後就會出現霜花紋樣。在大正到昭和時期非常流行。

玻璃屋地板
橡膠地板是高級建材，連日本銀行也加以採用。

木板　榻榻米

榻榻米走廊
鋪設榻榻米的部分供客人行走使用，家人則是利用木板的部分。

須藤公園、千駄木交流之杜

窪地裡的水展露的不同表情

水從哪裡來，又往哪裡去？

建於鄰近山崖與平地交界處的大名庭園裡，設計了兩個水景。一個是能夠欣賞水流動態變化的瀑布，另一個是呈現靜態的池塘。現在就來看看這兩個不同特色的水景吧。

水流（動態）
利用土地的高低落差設計的「須藤之瀑」。由石頭形塑出水的姿態，可以欣賞到水流的七種不同變化。

須藤公園

可以觀賞水的兩種不同風采：沿著山崖斜坡流瀉而下的瀑布，以及由水聚積而成的池塘。來對照一下這兩者的不同之處吧！

水池（靜態）
這個水池的特色是善用土地的高低起伏，從高台就能一眼鳥瞰池塘全景。

能夠飽覽水池全景的高台是極佳的觀景點。

突出的石塊形成瀑布。

石塊將水流一分為二。

由於前方有石頭，水流於是改變了方向。

石塊受到水的衝擊，激起水花。

水流趨緩，形成沉穩的水面。

錯落的石塊使流水分流而行。

弁財天

在水池周邊安置石塊來塑造水的樣貌。沿著池塘散步時，不妨一邊觀賞石塊的排列組合。

中之島意味著仙人居住的蓬萊仙島。

暗示極樂世界的蓬萊仙島是沒有橋的。進入明治時代之後為了祭祀弁財天，才架設了小橋。

千駄木交流之杜

這裡雖然已逐漸回復成天然的森林，從殘存的石塊、神祠等等，依稀可見當時的大名庭園之姿。

祭祀象徵水的弁天神祠來守護湧泉。

斜坡中段處有大型的石塊組，應該就是湧泉出口，亦即水的源頭。

在明顯比周圍更低窪的地方，散落著地椿與傾倒的石塊。這裡曾經有石塊排列，形成使水流迂迴而行的水道。

❷ 動物膠：從動物的骨頭、表皮、肌腱、內臟膜等萃取出的膠狀物質。

構成根津神社門前町的三個要素

一旦蓋了大型神社或寺廟，就會出現門前町，妓院林立。店家因為來訪的遊客與香客而生意興隆，後街裡於是陸續出現了長屋。從現存的建築物，可以解讀出這個街町的誕生過程。

根津區域

漫步江戶的娛樂區

MINORI cafe
在MINORI cafe，可以外帶根津的鯛魚燒入內享用。最適合參拜之後來坐坐。

有出桁結構，表示這裡曾經是繁榮了門前町的店家。

小石川金太郎飴 [1]
位於三之輪的本店創業於大正三（1914）年，這裡是它的分店。是深受前來參拜的香客喜愛的土產。

不忍通
這條路是門前町的中心，馬路兩側主要是一家接一家的遊廓。東大落腳本鄉之後，為了維護風氣，於是在明治二十一（1888）年將這些遊廓搬遷到洲崎（現在的江東區東陽一丁目附近）。

根津神社入口交叉點

根津鯛魚燒
人形町的柳屋創業於大正五（1916）年，這裡是它的分店。一次只烤一隻，店門口總是排著長長的人龍。

町屋（裱褙店）
應該是為了服務料理店與妓院而出現的店家。店面華麗氣派。

根津神社　N

乙女稻荷神祠
一旁還有駒込稻荷。稻荷祭神與遊廓的關係密切。

外形樸實，但還是具備了有尖頂拱窗的高塔，是相當正統的教堂建築。

遊廓遺跡
這棟建築物原本是遊廓「北見樓」，玄關上方的屋簷依舊保留著昔日的風情。由於街町長老的遺言：「這個大門結構是遊廓的精神象徵，千萬不可毀損」，於是保留至今。

使用常見的日式瓦片來預防雨水滲入。

根津教會
建於大正八（1919）年。位置靠近後街的長屋，想與居民近距離接觸的用心清楚可見。

與教會比鄰而居的四軒長屋

走入一旁的巷道，可以見到幾間長屋[2]，飄散著昔日庶民的生活感。

雖說是長屋，卻都蓋了玄關。家家戶戶的小窗設計各具巧思。

124

❶ 金太郎飴：江戶中期，在大阪學習畫「面具」、「福助人偶」（方頭大耳、留著日式髮髻的人偶）的工匠來到江戶之後，採用了流行的童話「金太郎」的圖案製作而成。

はん亭 根津

三層樓的木造建築

建築物裡藏著土藏！

店內的土藏建於明治時代，到了大正時期，這裡蓋成了三層樓的町家建築，經營販售木屐鞋套的生意。現在的屋主則是在昭和五〇年代（1975～1984年）將房子改建成燒烤店。

── 藏身店內的土藏

建築物內有土藏，可以在裡面用餐。

土藏入口

可以在土藏內用餐。

一樓有用餐席位，可以在用餐時一邊欣賞土藏的外觀。

以櫸木建造的三層樓建築
每層樓的樓地板面積皆相同的三層樓建築實屬難得。樓層的高度沒有特別高，因此扶手、屋簷等等都能維持水平。

三層樓的木造建築成為街町地標。

土藏內部
這座土藏原本是外藏，建於明治四十（1907）年。大正時期被包覆於改建的三層樓建築之內，於是變成了內藏。

現在的屋主當初買下時房子有如廢墟，利用舊時的工法才讓房子恢復原有的外觀。

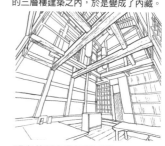

香魚幼魚
干貝
鹽
沾醬
以牛肉、豆瓣醬、蠔油等混成的肉味噌。
蓮藕
蝦子
淋醬烤麩
燒烤都是各有兩串，可以趁熱吃。肉類、海鮮、當季蔬菜、乾貨等等，超過三十種的食材任君挑選。

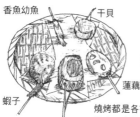

海苔茶泡飯

DATA
文京区根津 2-12-15
03-3828-1440

❷ 有出桁：桁木突出於建築物本體之外
❸ 長屋：由幾戶房子串連成一棟建築、牆壁共有的集合式住宅。每戶都有可直接出入的門。

OJI

紅磚堆砌出的兩種樣貌與河川打造的兩種風情

王子

🚇 最近車站　JR 京濱東北線等　王子站　北口

明治紅磚瓦與大正紅磚瓦
靜態與動態河流

　　王子是個坐擁自然美景與豐富水資源、地勢多起伏的地區。欣賞河流磅礡的瀑布美景、賞櫻、河邊戲水、賞楓等等，以飛鳥山為中心一帶，自江戶時代就是庶民們的休閒勝地。

　　這塊江戶時代曾經是幕府領地的寬闊土地，進入明治維新之後變成了國有地。石神井川的流水帶來了水力與水資源，帶動近代產業的蓬勃發展。民間第一家紡織所——鹿島紡織所在此設立，之後又成立了釀造試驗場。此外，在河川下游陸續設立了王子製紙、國立印刷局王子工場等，既可避免紡織工廠的排水造成汙染，同時又能用來製紙。

　　漫步街町的重點在於紅磚瓦與河川。首先，我們來看看「磚造建築」吧。

　　明治到大正時期，政府機構多半採用紅磚瓦建造，至今町內依舊可以見到這些機構的遺跡。其中之一的釀造試驗所乃是明治時期的產物，這座紅磚瓦建築如今已是少數僅存的珍貴資產。至於北

區立中央圖書館則是大正時期的建築物，日俄戰爭到太平洋戰爭期間，這裡一直是兵器工廠，之後加以修補、增建，經過改頭換面變成今日的模樣。這兩者雖然同為紅磚瓦建築，在明治與大正時期，不論是使用的紅磚瓦或堆砌方式都截然不同，大家不妨比較一下兩者的相異之處吧。

　　另外一個參觀重點是河川。流經王子的石神井川，又名音無川與滝野川。稱為音無川，是因為它是一條左右緩緩扭動前行，水流沉靜靜河流。之所以又稱滝野川，是因為河水會從上方一口氣往下降，動感十足。一條河有兩個如此極端的稱呼，實在有趣。

　　從昭和三〇年代（1955～1964年）起，開始進行河道截彎取直以及堤防整建工程，如今雖然已看不到河水蜿蜒而行的模樣，蛇行的河道遺跡卻保留了下來，順應地形整頓為綠地或公園，各位在岸邊散步時，不妨一邊想像昔日河川潺潺流動的姿態吧。

　小知識▶飛鳥山是德川吉宗將庶民的玩樂之地加以整頓而成的賞櫻名地。飛鳥山公園為日本國內最初的指定五大公園之一。

中央公園文化中心
曾經是兵器工場的本部事務所，美軍接收之後，外牆被塗成白色。

看板建築理髮店
位於轉角處，除了正面，側面也可見到不少巧思。

十条駅
ドトールコーヒー

GOAL

北區中央公園

滝野川四丁目

泉樂

陸上自衛隊十条駐屯地

北区年金事務所

自衛隊十条駐屯地前

駐屯地正門

利用軍事設施的廢棄磚瓦建成

音無楓葉綠地
➡ P.130

音無櫻花綠地
➡ P.130

利用石神井川的彎曲河道打造的兩座綠地

金剛寺

サミットストア

紅葉橋

大欅樹

北區立中央圖書館 ➡ P.129
大正時期的紅磚瓦建築

北区役所

北区役所第四庁舎

舊釀造試驗所第一工場 ➡ P.128
明治初期的紅磚瓦建築

音無橋

王子神社

音無橋

北とぴあ前

北とぴあ

ひゅうプラザ

出桁造建築當鋪

飛鳥山公園

渋沢資料館
青淵文庫
晚香盧

王子駅

王子製紙

王子工場遺跡

START

國立印刷局
王子工場

栄町駅

東書文庫

同為紅磚瓦建築，明治時代的紅磚瓦主要是作為建築物的結構體使用，而大正時代的紅磚瓦，注重的是外形上的設計巧思，兩相比較便可看出明顯的差別。

音無親水公園 ➡ P.131

能見到曾經水流急湧而下的河川遺跡。

晚香盧
成立王子製紙的前身——抄紙工場的澀澤榮一，在飛鳥山也有宅邸。

品川

麻布

荒木町

原宿

水道橋・神保町

神樂坂

雜司之谷

谷中

千駄木・根津

王子

127

明治時代的紅磚瓦主要作為軀體使用

舊釀造試驗所 第一工場

參觀明治時代的 紅磚瓦建築

為了能夠全年提供只能在冬天釀造的日本酒，於是向德國取經，模仿啤酒工廠的紅磚瓦建築，設立了釀造試驗所。在明治時代，紅磚瓦主要作為建築物的軀體❶使用，具有支撐力強的拱窗與厚實的牆壁。

舊釀造試驗所第一工場
建於明治三十六（1903）年，由曾經留學德國的妻木賴黃所設計。

> 紅磚瓦建築的天花板與窗戶一定要採用拱形設計，才能耐重。

為了因應日本的多雨氣候，屋頂採用木造而非拱形設計。

所有的窗戶都是拱形設計。

外牆採丁式砌法

窗戶的上端呈拱形。

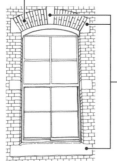

就結構上來說，承受重力的部分就使用石塊，同時也能作為一種裝飾設計。

梯形紅磚

石

外側採用丁式砌法
以只露出丁面的方式堆砌。

圓窗與拱窗都使用梯形的紅磚塊，不但縫隙均一，外觀美麗而且結實耐用。這棟建築物使用了三十八種不同大小的紅磚。

第一發酵室的門

不愧是明治時期的紅磚瓦建築，內牆厚達將近50公分，為2.5塊紅磚厚的厚實牆壁。

小梁之間填入拱形的紅磚。

I 型鋼梁

可以見到部分的縫隙間填入白色漆喰，這是老式的工法。

內側採用英式砌法
以一層丁面、一層順面的方式堆砌。

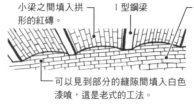

找出明治時代的紅磚瓦
從紅磚瓦的大小可以判斷出它的年代。210公釐 X 100公釐 X 60公釐為大正十四（1925）年以後的紅磚。除此之外的，非常有可能是明治時期的紅磚瓦。

舊釀造試驗所的紅磚瓦

如果不是上述的大小，就是舊紅磚。

從刻印判斷公司與年代
使用的是日本煉瓦製造株式會社的紅磚瓦。「上敷免瓦」為明治時期，「日煉」為大正時期。

DATA
北区滝野川 2-6-30
03-3910-3853（日本釀造協会）

❶ 軀體：指建築物的地基、牆壁、梁柱等等主要結構。

北區立
中央圖書館

**參觀大正時代的
紅磚瓦建築**

北區立中央圖書館
建於大正八（1919）年，曾經
是舊東京第一陸軍造兵廠。日本
於太平洋戰爭戰敗之後，轉為製
造槍彈的兵工廠。目前則是親民
的圖書館。

DATA
北区十条台1- 2- 5
03-5993-1125

大正時代的紅磚瓦主要作為皮膚使用

建築物主要為鋼骨建築，紅磚只是像皮膚一樣覆蓋在建築物的表面上。不同
於明治時代將紅磚作為建築物主體構造的做法，大正時期的紅磚瓦建築牆壁
較薄，拱形窗的耐重力也不強。與之前的舊釀造試驗所的紅磚瓦建築兩相比
較，就能明顯看出兩者的差異。

新建部分　　　　新建的部分與原有的舊建築融為一體。

水平的橫梁為鋼骨結
構。如果是紅磚瓦材
質，就會打造成拱形。

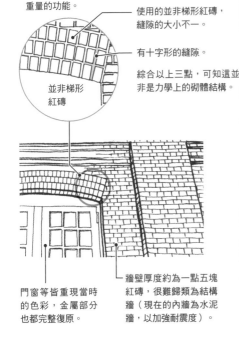

有可能不具承擔上方
重量的功能。

使用的並非梯形紅磚，
縫隙的大小不一。

有十字形的縫隙。

綜合以上三點，可知這並
非是力學上的砌體結構。

並非梯形
紅磚

門窗等皆重現當時
的色彩，金屬部分
也都完整復原。

牆壁厚度約為一點五塊
紅磚，很難歸類為結構
牆（現在的內牆為水泥
牆，以加強耐震度）。

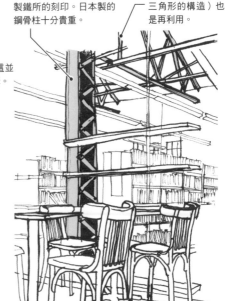

鋼骨再利用。上面有八幡
製鐵所的刻印。日本製的
鋼骨柱十分貴重。

骨架鋼材（主要為
三角形的構造）也
是再利用。

走進食堂便可看到當時的鋼骨結構。

石神井川

又名音無川的理由

音無川留下來的兩座公園

如同其名，音無川是一條平穩、安靜的河流。流水愈是緩慢就愈是容易改變行進的方向，因此整條河是如蛇行般曲折延伸。如今雖然因為整建堤防的關係，河道截彎取直了，從兩座綠地，還是能見到舊時蜿蜒的河川身影。

地圖上的虛線是町內的丁目分界線。分界線之所以偏離河川的正中央，是因為當初是以舊河道為分界線的關係。

昭和三〇年代（1955～1964年），因為河川修改工程而截彎取直了。

紅葉橋

→至 王子駅

河岸邊的散步道種植了櫻花樹。

金剛寺

綠の吊り橋

河灣（河流的內灣處）

音無楓葉綠地

利用蜿蜒的地形興建的公園。這個窪地具有調整池的功能。

音無櫻花綠地

走在河底散步道上，可以感受到河川蜿蜒的蛇行模樣。

被河川沖蝕的斜坡依然保留著。

金剛寺

水流雖然平緩，卻還是罕見地沖刷出山崖地形，或許這正是廣重之所以將之納入《名所江戶百景》的原因吧。河川兩岸的谷地裡有岩屋弁天的洞窟及弁天之瀑。

弁天之瀑
岩屋弁天

由砂礫與泥土層疊而成，屬於曾經挖掘出納瑪象化石、混雜了貝類化石的東京層。也就是說，這裡可見識到兩萬年前的土壤。

滝野川是一條有如瀑布的河

石神井川又稱為滝野川。從前由於海岸受到侵蝕，出現高低差將近十五公尺的斷崖。這道斷崖崩毀之後，河水於是伴隨著巨響滾滾而出。大家不妨一邊想像從高處墜落的瀑布的磅礡氣勢，沿著彷彿還有河水源源流動的舊河道散步吧。

滝野川

但為何也稱滝野川呢？

海蝕崖❶

隅田川

現在，河水改走地下涵洞。水流進入涵洞時速度加快，表示河道的落差相當大。

石神井川

王子駅

石神井川的河道改變，從海蝕崖奔瀉而下。

飛鳥山

逆流

海蝕崖潰堤之前，石神井川一直都是往南流。

舊石神井川沖刷而成的谷地。

架設於公園上方的音無橋
從橋梁的上方到下方，可明顯看出高低差極大。

弧形拱橋
與JR御茶之水站東側的聖橋相同，都帶有新藝術風格的設計巧思。

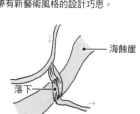

海蝕崖

落下

從前的石神井川因為海蝕崖潰堤而改變了河道。

位於公園最內側的山壁。近年來由於河水被截斷，水流不復存在。以前這裡可以見到瀑布傾瀉的景色。

音無親水公園
這是利用河水往日的高低落差打造的公園。雖然名為音無親水公園，但這裡原本水量豐沛，河水撞擊岩塊濺起水花，是個相當符合滝野川之名的溪谷。

石神井川曾經流經此地
現在流經的是經過濾水裝置的循環水形成的小河。

❶ 海蝕崖：這裡曾經是一片大海。陸地受到海水的侵蝕，於是切削成為海崖。海蝕崖彷彿一片屏風，從JR東十條站一路延伸到上野站。

131

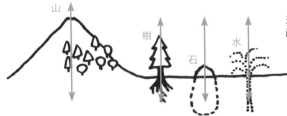

找出能量點

日本人自古即深信大自然中住著各種神靈，尤其是天地相接之境或是自然景物，都會有神靈降臨，能量特別充沛，成為人們心目中的「能量點」。

山　樹　石　水

天與地的相接之境，
藏有豐沛的能量

山（富士塚）

神明會降臨呈圓錐狀的山中。

例如奈良的三輪山等，大多數的圓錐形山都被視為能量點。

富士山的形狀正是圓錐形。富士山本身就是神明，是個受人崇敬的神體山。

模擬富士山打造成圓錐形。

湧泉

雨水

瀑布

池塘

從地底湧出的湧泉，被認為具有等同神明的靈力。雨水穿過地底，從山崖等地表的突出端以瀑布的形式噴出，或者是以噴泉的形式在平地或水井中湧出。

明治神宮內也有湧泉清正井（88頁），泉水源源不絕。

富士塚是江戶時代為了獲取富士山的能量打造而成。品川神社內的品川富士（72頁）與真正的富士山相同，都具有庇佑的神力。

石塊

只能見到石塊的上端。

人們認為神靈降臨之處的石塊與周圍是能量聚集的地方，因此將石塊當成神明祭祀。

巨大的山脈埋藏於地底。

立石樣

露出於地面的石塊有一部分遺失了。

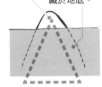

神木

呈圓錐形

呈圓錐狀的樹木具有靈力。也許是因為神轎是以樹木製成的緣故吧。

大多為常綠樹

獨立的巨樹

大多圍著注連繩

位於葛飾區的「立石樣」，當初要挖起來時曾經發生靈異現象，因此變成了人們的信仰對象。石塊深埋於地底下，所以沒人知道它的體積究竟有多大。人們深信與大地相接的石塊具有巨大的能量。

下町

ASAKUSA

迷人的不只仲見世。
賭馬投注站與電氣白蘭地同樣令人沉醉

淺草

最近車站　東京地鐵銀座線等　淺草站　A5 出口

吾妻橋交叉路口、參道的紅燈籠以及初音小路都是注目焦點

淺草曾歷經大正十二（1923）年的關東大地震及昭和二十（1945）年東京大空襲的兩次摧殘，幾乎全滅，但是它卻不屈不撓地重新振作，成為浴火重生的不死街町。

首先，我們站在吾妻橋的交叉路口瞧一瞧。從這裡，奇蹟般倖存的大正時期建築到現代建築全都一覽無遺。

昭和時期最具代表性的近代建築「松屋淺草店」大樓就在眼前。這座大樓眾所皆知，是商場與車站共構、功能與美感兼具的電車轉運大樓。

以提供電氣白蘭地[1]聞名、矗立於吾妻橋交叉路口一隅的「神谷BAR」，這棟大樓的歷史更悠久，是竣工於大正十（1921）年的建築物，至今依然還在使用。此外，在地鐵的遮雨棚（出入口）

電氣白蘭地

等，也都能夠見到戰前的建築物。

說到淺草，就一定會提到淺草寺的雷門。巨大的紅燈籠非常有名，但延伸的寶藏門與本殿也有吊掛大燈籠。仔細觀察這些奉納物品的背面，就能知道是哪些人在默默支持這些大型寺院了。

鑽過雷門就是仲見世通了。不過，完整的散步方式絕不能錯過與仲見世相鄰的裏通。這裡盡是屋高稍低於一般房舍的建築群。仲見世的建築物逃過戰火的摧殘，至今依然健在。從這些樓高偏矮的建築，可以推想出戰前的日本人平均身高。

最後，我們在淺草找點樂子吧。不論器具、技術還是氣味，都能領教江戶之子的氣度與風格。保有昭和氛圍的路邊攤更具畫龍點睛的效果，提供了深度探訪淺草的機會。來到淺草，散步之餘別忘了以當地人的角度來觀察淺草，才不枉此行。

小知識　東京地下鐵道（現在的東京地鐵）開業於昭和二（1927）年，連結上野與淺草兩地。
[1] 電氣白蘭地：以白蘭地混成的調酒，口感辛辣，入口有微微麻痺感，因而冠上電氣二字

淺草神社
（重要文化財‧拜殿等）

淺草神社緊鄰淺草寺東側，
以三社祭聞名。

淺草神社與
二天門都因
為戰火而部
分毀損。

初音小路 ➡ P.139

在賭馬投注站前，
可以深入體驗淺草
的各種娛樂。

浅草寺本堂
➡ P.138

二天門（重要文化財）

這座門被認為是慶安二（1649）年
左右建造而成。祭祀的二天為廣目
天與持國天。

附近有婚禮會
場，可以見到
以人力車舉行
的婚禮。

花やしき

浅草七変化
三峰神社

ウインズ

五重塔

寶藏門

まることにっぽん

浅草寺こども図書館

仲見世裏 ➡ P.138

伝法院

かみや

浅草メンチ

松屋淺草店 ➡ P.136

浅草 ROX

浅草公会堂

浅草二丁目

淺草地下街 ➡ P.136

餃子の王さま

マツモトキヨシ

地下街
出入口

文扇堂 ➡ P.138

神谷 BAR ➡ P.136

地下街出入口

浅草駅

雷門通り

TOKYO CRUISE
（水上バス乗り場）

浅草一丁目

サーティワン
アイスクリーム

雷門

吾妻橋

GOAL

START

浅草駅

A5

吾妻橋的交叉路口，
是個可以飽覽各個年
代建築物的景觀點。
就以這裡作為散步的
起點吧。

吾妻橋 ➡ P.137

アサヒビール

地鐵銀座線四號出
口遮雨棚 ➡ P.137

雷門與參道

鑽過雷門，就是淺草的主要
大街——仲見世了。這裡始
自江戶時代，據說是日本最
古老的商店街。

N

從左至右依序可見大正、昭和與現代

吾妻橋 交叉路口

世界級的觀景點

淺草最著名的就是雷門，但要透澈了解淺草，最好的觀察點就是吾妻橋的交叉路口。站在這裡，不論是奇蹟般留存至今的裝飾風藝術建築或是現代化的超高層大樓，從大正、昭和至現代，建構街町的時間軸一目瞭然。

神谷 BAR

這家大文豪經常駐足的日本第一家酒吧，藏身在建於大正十（1921）年、堪稱淺草最古老的鋼筋水泥建築物內。從交叉點仰望，就能清楚看見鑲在大樓中間的「神谷BAR」等字。

松屋淺草店

開業於昭和六（1931）年，是東武鐵道的車站大樓。建築物上有著裝飾風藝術的浮雕。建築物整體散發著不若迎賓館般裝飾華麗，也不如現代建築般過於簡潔的裝飾風藝術風格。

淺草地下街

開業於昭和三十（1955）年。銀座三原橋地下街消失之後，這裡成為日本最古老的地下街。雖然是銜接新仲見世通的短短商店街，兩側的出口卻非常巧的各自開了理髮店。

以鉚釘固定

吾妻橋
建於昭和六（1931）年的重建橋樑，捨棄熔接方式，以鉚釘固定銜接、造型優美的三連橋。底下的橋柱成為隧道，可以見到昔日灌注水泥時使用的木框架遺跡及當時的石塊群。

從吾妻橋眺望的風景
對岸的景觀包括朝日啤酒的金色泡沫大樓一覽無遺。雖然建築物本身毀譽參半，但卻是最能代表東京的觀光勝地之一。

地鐵銀座線四號出口遮雨棚
建於昭和二（1927）年。日式摩登的風格令人聯想起地鐵開業的年代。裝飾的格紋為「地下鐵出口」文字造型。

水上巴士搭乘處
松本零士設計的水上巴士大受歡迎。

傳自傳統技藝的町人文化

仲見世

**隨處可見的
江戶氛圍**

淺草的觀音菩薩深受下町居民的景仰。如果說上野的寬永寺是武家寺廟，那麼淺草寺便是屬於町人的信仰中心了。在淺草寺門前，抬頭看見的即是町人文化。

雷門

寶藏門

本殿

— 戲劇效果強烈的粗體字散發濃濃的庶民風情。

雷門
從奉獻的大燈籠可以看出居民們對廟方的支持。

雷門祭祀的是商業之神，松下幸之助也是捐獻人之一。

日本橋小舟町因貨運業發達因而繁榮。

志ん橋意思是指新橋。這是來自花柳界的奉納。

仲見世裏

走進仲見世的內側，可以發現一樓的樓高非常低，幾乎是觸手可得。這就是仲見世於大正十四（1925）年剛成形之時的建築規格。

— 一樓的樓高

可看出當時的平均身高。

淺草寺本堂

漁夫拾獲的神祕佛像據說僅有十幾公分高，本殿之所以蓋得如此巨大，是因為要配合奉祀的觀音神像大小（約30公尺）。居民們希望以巨大的神像來強調觀音菩薩的神聖與偉大。

遭遇空襲時燒燬殘存的水泥外牆。

— 與馬路一樣寬的防曬暖簾發祥自江戶。

穿過竹竿的部分為另外縫上的環狀布條，這是江戶地區的作法。

關西地區採用的是袋式。

文扇堂

從暖簾可以看出是屬於哪個地區。新仲見世通上的文扇堂是創業一百二十年的扇子老舖，即使街町燒燬，工匠們依然把江戶文化完好傳承了下來。

小賭怡情小酒助興，無傷大雅的小奸小惡

初音小路

**不論好壞，
這就是淺草的文化**

來到初音小路，可以感受到賭馬開賽之前的期待與緊張氣氛。美麗的藤蔓棚架下，飲食店的桌椅一字排開。夕陽西下，賭客散去，取而代之的是源源湧入的觀光客。

初音小路
寬闊的藤蔓棚架下，是充滿異國風情的飲食街，一路延伸到場外的賭馬投注站。

以這個招牌為路標。

真正的馬迷是一手握著報紙，一邊暢飲當地釀製的啤酒。

前方就是場外的賭馬投注站。

店員似乎是所有店家共用，會機靈地帶領客人到空位上坐。

很明顯是吃喝到半途的空位，表示這個人跑去下注了。路邊的座位比店裡的座位更受歡迎。

餐桌上擺著賭馬的下注單。

安置著實況轉播賽馬的「街頭」電視機。

飲料大多是五百日圓左右。可以選擇的口味不多。

SENZOKU, MINOWA

去吉原尋找咖啡館，循著都電的節奏品味三之輪

千束・三之輪

🚃 最近車站　**東京地鐵日比谷線　三之輪站　1b 出口**

遊廓之外也有吉原。
在都電的廣場稍作休息

　　位於江戶城東北方的鬼門位曾經有座遊廓吉原。攤開地圖，依舊可以清楚看見淺草的內側這個明顯呈四十五度角的四方形區域。區域四邊圍著水溝，這是遊廓特有的慣例。

　　從回頭柳所在的吉原大門交叉路口，穿過五十間通的S形彎道，可以找到曾經是遊廓大門的舊跡。進入遊廓之前，在外廓可以見到圍住遊廓的堤防與齒黑溝遺跡。沿著這道壕溝遺跡走一圈，確認吉原的外廓，然後再回到大門來。正面那條寬闊的馬路曾經是吉原的主要街道－仲之町（通），兩邊種植了櫻花等盆栽，加上要舉行花魁道中❶等活動，因此馬路特別寬。從遊廓的町割❷圖可以看得出來，與主要大街相交的街道，都冠上了例如江戶町、京町等町名。

　　從大門看進去，右邊的區域劃分相對較大，想必這邊就是當時的大見世（144頁）了。如今這裡舉目盡是特殊的浴場及公寓大樓。當中最引人注目的

吉原公園，是將原本屬於大見世的領地改建而成的公園，從這裡可以大致推敲出大見世的範圍大小。

　　仲之町（通）左側有不少劃分範圍較小的區域，成為戰後紅線區的咖啡館（143頁）落腳之地。店家如今變成了公寓，就位在伏見通上。今日，這家咖啡館已成為因戰火波及燒燬的花柳街遺跡。

　　接下來，我們去看看與吉原關係密切的地方吧。吉原神社是將遊廓內四個角落的稻荷社加以合祭的神社。神社前方的弁天池遺跡，在關東大地震時有許多妓女溺死在這裡。鷲神社舉行酉之市❸時，其熱鬧程度並不輸吉原這個花花世界。死後沒有歸處的妓女，就葬在淨閑寺內。

　　目前唯一僅存的都電，終點站就在三之輪橋站（停留場），可以體驗一下與不同於鐵路車站的趣味。月台沒有安置平交道，也沒有設剪票口，整個月台看起來就像是一座廣場，老先生就坐在長椅上等待，安閒自在。來到這裡，彷彿穿越了時光，來到美好的昭和時代的下町呢。

❶ 花魁道中：當花魁受到客人的指名，前往迎客的茶室時所舉行的大陣仗遊行
❷ 町割：將馬路或水道、住宅區等土地計畫性地加以分割。

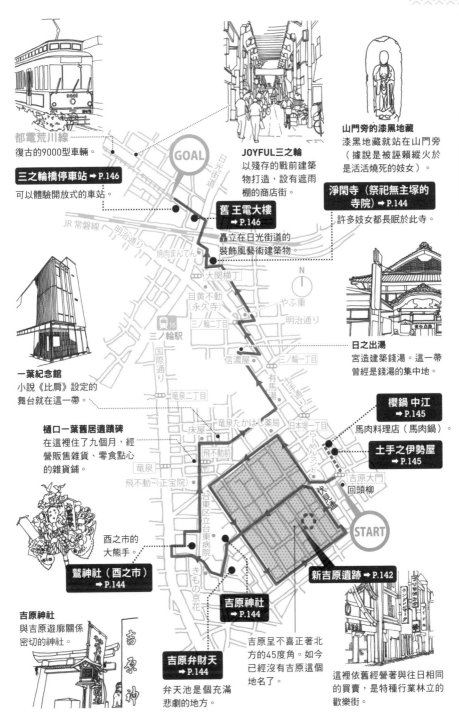

都電荒川線
復古的9000型車輛。

三之輪橋停車站 → P.146
可以體驗開放式的車站。

JR 常磐線
明治通り
燒肉まんてん

GOAL
日光街道

JOYFUL三之輪
以殘存的戰前建築
物打造，設有遮雨
棚的商店街。

舊 王電大樓
→ P.146
聳立在日光街道的
裝飾風藝術建築物。

山門旁的漆黑地藏
漆黑地藏就站在山門旁
（據說是被誣賴縱火於
是活活燒死的妓女）。

**淨閑寺（祭祀無主塚的
寺院）→ P.144**
許多妓女都長眠於此寺。

大関横丁
目黄不動（永久寺）
やぶ重
明治通り

N

三ノ輪二丁目

三ノ輪駅

日之出湯
宮造建築錢湯。這一帶
曾經是錢湯的集中地。

国際通り

信濃屋
三ノ輪一丁目

有馬通り

一葉紀念館
小說《比肩》設定的
舞台就在這一帶。

竜泉二丁目

床屋

樱鍋 中江
→ P.145
馬肉料理店（馬肉鍋）。

樋口一葉舊居遺蹟碑
在這裡住了九個月，經
營販售雜貨、零食點心
的雜貨鋪。

竜泉たかはし薬局

日本堤一丁目

土手之伊勢屋
→ P.145

飛不動前

竜泉

吉原大門
回頭柳

飛不動（正宝院）

伏見通り

台東区立台東病院

酉之市的
大熊手。

**鷲神社（酉之市）
→ P.144**

きもの京花

**吉原神社
→ P.144**

新吉原遺跡 → P.142

START

吉原神社
與吉原遊廓關係
密切的神社。

**吉原弁財天
→ P.144**
弁天池是個充滿
悲劇的地方。

吉原呈不喜正著北
方的45度角。如今
已經沒有吉原這個
地名了。

這裡依舊經營著與往日相同
的買賣，是特種行業林立的
歡樂街。

❸ 行酉之市：每年11月的酉日，鷲神社會舉行的開運招福、祈求生意興隆的祭典
小知識▶現在的千束四丁目一帶被稱為吉原。

新吉原遺跡

實際感受遊廓的街町區域劃分

吉原的區域劃分一目瞭然

座落於淺草田圃的遊廓，四周圍著齒黑溝。從回頭柳所在的大門交叉路口通過呈S形的五十間通抵達遊廓大門，首先去繞一圈外廓，再往中央的仲之町通，就能大致掌握吉原的整體輪廓了。

齒黑溝遺跡
妓女將來用來塗黑牙齒的顏料倒在這裡，因而變得又髒又黑。

圍有石垣的階梯，上方為吉原，下方為齒黑溝（如今已經埋在地底下了）。

五十間道（通）
至遊廓的距離為五十間（約90公尺）。道路依舊如往昔呈S形，前往吉原的期待之情也隨之高漲。

回頭柳
遊客在柳邊道別時還依依不捨地頻頻回頭。柳樹是來自中國遊廓的習俗，各地的遊廓都會種植。

大門
為遊廓特有的單一出入口形式，一般來說就只能從這裡進。

土手通
這個名稱來自於山谷堀的堤防。遊客會搭乘快船來到此地。

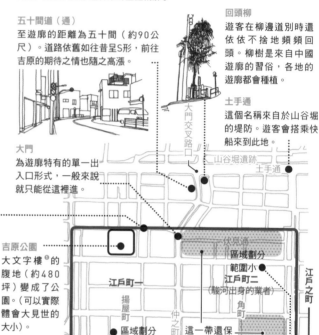

山谷堀遺跡
土手通
大門交叉路口
伏見通
區域劃分範圍小
江戶町二
（駿河出身的業者）
角町
這一帶還保留著咖啡館建築
江戶之町
京都之町

吉原公園
大文字樓[1]的腹地（約480坪）變成了公園。（可以實際體會大見世的大小）。

江戶町一
揚屋町
區域劃分範圍大。

區域劃分範圍最大的大見世區域，目前已經都蓋大樓了。

京町一
（京都出身的業者）
水道尻
京町二
（近畿出身的業者）

吉原遊廓的外廓。

吉原神社

台東病院
妓女們作性病檢查的地方（舊吉原病院）

吉原弁財天
（弁天池遺跡）

仲之町（通）
寬闊的道路依然維持原貌。這裡曾經舉行過花魁道中（道中意指花魁從京町一路盛裝走至江戶町之意）。

寬闊的仲之町（通）會依照年節行事，例如春天時會以假的櫻花樹等當季植物營造「華麗」氛圍，像這樣企劃各種活動來招攬遊客。

劃分較小的區域則是當年的小見世。建築物至今依舊保留，當中有幾家改經營咖啡館。

伏見通

在小區域內力圖謀生的紅線區建築

伏見通成了咖啡館一條街

戰後，仲之町通東邊的小割店家（60頁）轉型成稱為咖啡館[2]的賣春場所。復古的咖啡館建築具有巧妙的弧形設計，以及貼石板、圓柱、多個入口等特徵。這些就是辨識咖啡館建築的關鍵重點。

伏見通上已成為公寓的咖啡館建築群
昭和三〇年代（1955～1964年）的公寓，廁所、廚房都是共用的，要轉型成咖啡館使用相對方便許多。

可隱約露臉的格柵窗。

現已作為公寓使用。

具設計感的圓弧狀。

咖啡館建築的特色是靠馬路的一邊設有好幾個出入口，讓客人們可以避免直接碰面。

圓柱

建築物轉角為隅丸設計（30頁）。

圓柱

上面還留有咖啡館時代的「マスミ」文字。在昭和三十三（1958）年的吉原遊廓地圖上可以找到這家店名。

波浪狀的曲面與圓弧的造型，是為了與一般住家做出明顯的差異。紅線區畢竟與藍線區不同，在警察的默許下，特意將建築物作出不同於一般住宅的設計。

---------------- 其他的街巷內 ----------------

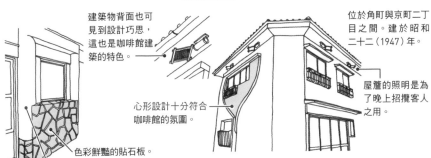

建築物背面也可見到設計巧思，這也是咖啡館建築的特色。

心形設計十分符合咖啡館的氛圍。

色彩鮮豔的貼石板。
圓柱是咖啡館建築常見的設計。

位於角町與京町二丁目之間。建於昭和二十二（1947）年。

屋簷的照明是為了晚上招攬客人之用。

❷ 咖啡館：指特種行業（風俗店），與單純的喫茶店完全不同。

遊廓之外的另一個吉原

有不少妓女在安政（1854～1860年）大地震時死亡，這些妓女就葬在淨閑寺內，淨閑寺便成了「無主塚寺」。妓女只有在鷲神社的酉之市或者是死後才能夠離開遊廓。

去酉之市拜拜成為跑去吉原的好藉口，因此顯得特別熱鬧。

淨閑寺（無主塚寺）

無家可歸的妓女就安葬在這裡，據說人數多達兩萬五千人。

新吉原總靈骨塔

從旁邊的小窗可以見到真正的骨灰罈。

其他還有曾經是大見世角海老樓的藝妓的「若紫之墓」，以及祭祀自殺身亡的妓女「新比翼塚」等等。

吉原弁財天 弁天池遺跡

現在只是個小池塘。當初這一帶是濕地，這裡有個非常大的池塘。

築山上的吉原觀音，據說與明治時期大門上裝飾的乙姬像十分神似。

大地震時有不少來不及逃離的妓女溺死在池塘裡。

大震火災殃死者追悼紀念碑

鷲神社

江戶時期，吉原的出入口在酉之市當天會對外開放，也允許妓女們外出。

有些地方的狛犬上會刻有男性器官。

吉原神社

聯合祭祀著吉原大門附近的玄德稻荷社與吉原內四隅祭祀的稻荷社。

從玉垣可以看出竣工之時吉原的藝妓名字或妓院的名稱。

品嚐吉原的美食

櫻鍋與天婦羅

要去哪一家補充體力呢?

吉原大門交叉口附近的兩家老店就位於日本堤的堤防邊,因此又稱為「土手之〇〇」[1],為遊客及在吉原工作的人們提供能補充精力的餐食。這兩家倖免於戰火波及的老店,不論建築物本身或是料理,都蘊含了悠久的歷史。

關東大地震震毀之後,馬上請專門興建寺廟的匠人重建的大正建築物。

最盛時期,堤防周邊有超過二十家賣馬肉鍋的店家。

也有一說是騎馬來的遊客為了擠出更多錢用,將馬拿去抵押借錢,於是這裡的馬愈來愈多,多到可以拿來吃了。

櫻鍋「中江」(飛蹄屋)
俗話說增加「馬力」,馬肉於是成為便宜又有助於回復精力的食物。
*飛蹄屋＝賣馬肉的店家之意

土手之「伊勢屋」(天婦羅)
這兩家店都在平成二十二(2010)年獲得認定,成為國家指定登錄有形文化財。

櫻鍋 中江

這家堪稱為大正建築的馬肉料理店,創業於明治三十八(1905)年。由於馬肉的熱量低,富含蛋白質與膠原蛋白,最近女性客人也愈來愈多了。

DATA
台東区日本堤
1-9-2
03-3872-5398

櫻鍋使用的是日本產的六至八歲的馬肉,佐以味噌醬食用。具有滋養強身的功效。

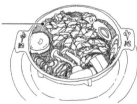

以星鰻作為早上醒腦的食物,十分有趣。

馬肉又稱為櫻肉。欄窗[2]上的松竹梅圖案,在竹節上另外加上了櫻花。

土手之伊勢屋

以星鰻為主角的招牌天丼。創業於明治二十二年。以前是以捕自隅田川支流的魚做成天婦羅。

DATA
台東区日本堤
1-9-2
03-3872-4886

[1] 土手之〇〇:為堤防之意
[2] 欄窗:設置在牆面靠近天花板處的氣窗,作為通風或採光之用

搭乘都電穿越時空

都電的上下車處不稱為車站,而是稱為停留場(簡稱電停)。月台與馬路之間沒有裝設平交道,都電荒川線的終點站——三之輪橋電停,看起來就像是一座廣場。時間在這裡似乎流逝得特別緩慢。

三之輪橋電停
停留場開業於大正二(1913)年(王子電氣軌道)。
平成十九(2007)年改建成昭和時代的模樣。

位於路面電車旁、看起來像是在車站裡的稻荷社,讓四周頓時變得古色古香。

白龍弁財天

木造的雨淋板頗有昭和氣氛。

三之輪橋廁所

彷彿被縮小的迷你車輛十分討喜。

三之輪橋柵欄

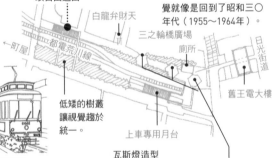

下車專用月台
沒有剪票口,可以自由進出。

下車專用月台
都電的行駛速度緩慢,加上有節奏的震動聲響,感覺就像是回到了昭和三〇年代(1955~1964年)。

白龍弁財天

三之輪橋廣場

廁所

日光街道

←町屋

都電荒川線

舊王電大樓

低矮的樹叢讓視覺趨於統一。

上車專用月台

舊 王電大樓
現在的梅澤寫真館,原本是王子電氣軌道本社。建於昭和二(1927)年。

裝飾風藝術外觀

日光街道的入口。通網站後黑市的屋外道路。往前可以到達停留場。

都電荒川線
復刻的舊型車輛9000型駛入月台時,復古氛圍更加濃厚了。

瓦斯燈造型的街燈

三之輪橋拱門
這座在明治41(1908)年之前一直架設在音無川上的橋,之後成為廣場上的拱門(長10公尺)。
這個車站最棒的地方,就是珍惜歷史古蹟。

守護江戶的平將門

德川家康開府之時，收伏了經常作祟的地靈平將門，讓他變成江戶的守護神。仿照古代的咒術將平將門的身體分成七塊，安置於包圍江戶成的七個街道出入口附近，形成防止邪氣入侵江戶的封印結界。

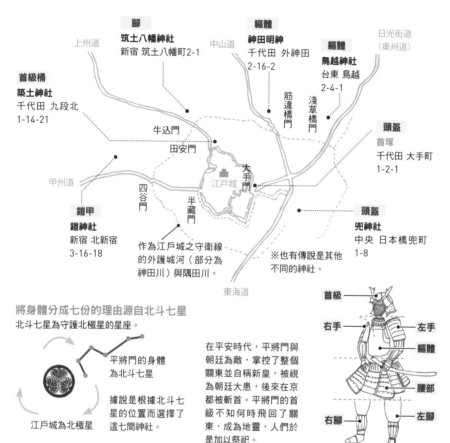

腳
筑土八幡神社
新宿 筑土八幡町2-1

上州道

中山道

軀體
神田明神
千代田 外神田
2-16-2

日光街道
(奧州道)

軀體
鳥越神社
台東 鳥越
2-4-1

首級桶
築土神社
千代田 九段北
1-14-21

筋違橋門

淺草橋門

牛込門

田安門

頭盔
首塚
千代田 大手町
1-2-1

甲州道

大手門

江戶城

四谷門

半藏門

鎧甲
鎧神社
新宿 北新宿
3-16-18

作為江戶城之守衛線的外護城河（部分為神田川）與隅田川。

※也有傳說是其他不同的神社。

頭盔
兜神社
中央 日本橋兜町
1-8

東海道

首級

右手 **左手**

軀體

腰部

右腳 **左腳**

將身體分成七份的理由源自北斗七星
北斗七星為守護北極星的星座。

平將門的身體為北斗七星

據說是根據北斗七星的位置而選擇了這七間神社。

江戶城為北極星

在平安時代，平將門與朝廷為敵，掌控了整個關東並自稱新皇，被視為朝廷大患，後來在京都被斬首。平將門的首級不知何時飛回了關東，成為地靈，人們於是加以祭祀。

神田祭

每隔兩年的五月中旬會舉辦神田祭，是江戶三大祭典之一。

神田明神 → 三之宮鳳輦 → 大手町首塚

一之宮祭祀大己貴命，二之宮祭祀少彥名命，三之宮祭祀平將門。神田祭主祭的是三之宮的平將門命。「將門樣」會搭乘神轎，從神田明神著平將門的首塚而去（神幸祭的巡行路線），在肉眼看不見的世界裡，將分處異地的頭與身體相連起來。

KITASENJU

在宿場通探訪老店，
走入巷弄尋找道地的土藏與錢湯

北千住

🚉 **最近車站** JR 常磐線等 北千住站 西口

從土地分割解讀江戶的宿場町

千住是日光街道最先出現的宿場町，舊街道至今依舊是條熱鬧的商店街。雖然這裡的店家都不一樣了，卻依然保持著江戶時代的土地分割方式。這種門面窄、屋身長，呈長方形的分割方式，主要是為了因應江戶時代以門面寬度而非土地面積的課稅制度。這裡幾乎清一色是門面約三間（5.46公尺）的小型商店，關東式的店家門面大多全數開放，店門口擺了各式各樣的商品，店家們無不使出渾身解數招攬客人，商店街顯得活力十足。

建於大正時期的石鍋商店就是其中之一。關東式町家的立面❶上有個突出的展示櫥窗，室內兩側的牆壁做了許多貨架。將商品擺滿一地、客人與老闆談價的老派買賣方式，在這裡也依稀可見。

結束大馬路上的行程，接下來要看的是街巷。走進商店旁的巷子，緊接在住宅區與庭院之後的是土藏。一直到這裡都還是商店區。再往前走就是農地，過

了農地，有供給職人或是在附近工廠工作的人們居住的長屋，不過如今這一帶幾乎都是小型住宅與公寓。巷弄間如今大約還有五十個土藏。非常推薦大家除了大馬路，可以挑幾條小巷走一走。

沒有附浴室的租屋人家，最需要的就是錢湯。這附近目前有五家錢湯，可以看到由專門建造寺廟的工匠依照寺廟的外形打造的宮造錢湯，「大黑湯」就是其中之一，建築物本身凝聚了宮造建築的精華與魅力。散步的最後不妨去泡個澡，還可以順便參觀一下。

最後，我們來看看街町裡的兩座醫院。江戶著名的接骨醫院「名倉醫院」是充滿了傳統風格的「日式」建築，象徵西方醫學的「大橋眼科醫院」則是以大正的洋館為藍圖打造的「西式」建築。將採取的醫療形式反映在立面上，相當值得一看。

名倉醫院

横山家住宅

主屋建於萬延元（1860）年，是門面寬闊的大店。曾經是地瀝紙[2]批發商（批發店號為松屋），後來也擔任過傳馬屋敷[3]。是一座依舊保留著宿場町風情的建築物。

● 現存的主要土藏

荒川

荒川河川敷

足立区立中央図書館

国道4号線日光街道

大黑湯 ➡ P.151

大黑湯是宮造建築的錢湯。為什麼要蓋成寺廟的模樣呢？

ータカラ湯

安養院

吉田屋

江戶時代的手繪繪馬店。

千住五丁目

北千住郵便局

名倉醫院 ➡ P.152

江戶時代開業的接骨醫院。具有武家房舍的外觀。

氷川神社

長圓寺

千住寿町

鈴イ

舊日光街道

平野屋煎餅店

千住本町

たから家

氷川神社

ミニストップ

千住ほんちょう公園

セブン-イレブン

大はし ➡ P.153

東京三大燉煮名店居酒屋。

足立区立千寿本町小学校

JR常磐線

つくばエクスプレス

docomo
ショップ

東武スカイツリーライン

茶屋中川園之藏

千住是個充滿土藏的街町。土藏大多藏身於大馬路上看不到的巷弄間，大家可以鑽進小巷找找看。

宿場町通

千住街の駅

北千住マルイ

JTB

北千住駅
西口

大橋眼科醫院 ➡ P.152

大正時代的西式醫院。

北千住駅入口

ソフトバンク

GOAL

START

北千住駅

梅之湯

石鍋商店 ➡ P.150

從內部結構可以看見昔日做生意的手法。

Limo（美容院）

在宿場町通上有不少直角轉彎的巷道，一般庶民就住在這裡。大家不妨找找看吧。

復古的商店門面只有三間寬，十分醒目

舊日光街道上，店家的門面大小非常引人注目。大概每隔十五公尺就會有條巷弄。

2 地瀝紙：再生紙。
3 傳馬屋敷：公家要進行運輸時，負責張羅馬匹與人力的傳馬役所居住的房舍。

石鍋商店

在窄小的門面竭盡巧思

宿場通上還可以見到樓身為老舊建築內的商店。關東式店家的特色是門面大開。自石鍋商店的外觀依稀可勾勒出往日的街町樣貌，商店內部的擺設方式，則可窺出舊時代的買賣模式。

商家的門面

建於大正七（1918）年，創業於元治元（1864）年。原本經營的是棉被、和服布料店，如今是毛線店。

傳統的町家形式

關東町家	京町家	
商品展示（店鋪）	商品展示（店鋪）	通道庭院（土間）
前院（土間）		
▲ ▶	格柵 部分（狹窄）	

商品展示（店鋪）
前院（土間）

展示窗往外推，看起來更時髦。

向外突出的展示窗。

京町家的門面除了當成通道的庭院部分，都會加上格柵。關東町家的前院採取開放式，整條馬路看起來相形熱鬧許多。

看看外觀

一樓比二樓向外多出約一公尺，增加使用空間。

二樓為出桁造建築且兩端設有戶袋，即是關東式的町家。

關東式為全面開放。當時流行將一部分往外推，做成突出的展示窗。

門面只有三間（5.46公尺）寬

狹窄的門面裝飾得非常花俏，看起來生氣蓬勃。

看看內部

懷舊氣息濃厚的商家結構。觀察的重點是前院、架高的地板、貨架這三者。

整面牆上裝設了以粗木條做成的堅固貨架。這是舊時代的做法。

以櫸木做成，看起來十分氣派。

雖然大多數商家的內部都改裝了，這裡還是維持舊時的樣貌。

將商品從兩側貨架取下放在地板上談價，是舊時代的買賣方式。

地板架高。

店家的模樣從前院可以看得一清二楚。

前院（土間）
外框

一樓的天花板就是二樓的地板，因此一樓的天花板通常較高。

高高的天花板讓店看起來更有格調。

DATA
足立區千住 3-62-1
03-3881-2308

以前的巷弄內是長這樣的！

大馬路每隔十五公尺就有一條巷弄。一轉入巷道，江戶時代的町家躍於眼前，當時的庶民日常生活更是一覽無遺。

宿場通大約為四間寬（7.28公尺）

稅賦是依據臨街的門面寬度（間口）來課稅，因此門面都特別窄。

馬路
約15公尺
狹窄

千住為土藏之町，巷弄裡可以見到許多土藏。

巷道

室內呈長條形
店鋪（主屋）藏

到土藏為止都是店家範圍

商店＋住家＋土藏

庶民大多居住在後面的長屋。

巷道　原本為農田，變成了長屋（租屋）

作為淨身之地的宮造建築錢湯

關東大地震之後，寺廟工匠所打造的宮造錢湯成為重建建築的代表。為何錢湯要蓋成寺廟的模樣呢？寺廟是人死亡之後重生、脫胎換骨的場所，澡堂為潔淨身體的地方，同樣具有脫胎換骨之意，宮造與錢湯也因此有了交集。

大黑湯

透過寺廟的建築外觀來凸顯神聖性

出現富士山油漆畫的原因

富士山的湧泉流入浴池內。以靈水潔淨身體，為明天做好準備。

油漆畫是關東地區特有，關西鮮少看見。

木網格
寺院、城郭兩端壁面的裝飾。

懸魚 以魚形乞求遠離火災。

千鳥破風
屋頂斜面上的三角形破風，同樣屬於寺院的建築風格。

大黑湯

昭和四（1929）年創業，是同時擁有千鳥破風與唐破風雙層屋頂的寺廟建築。錢湯果真是神聖的場所呀。

DATA
足立区千住寿町 32-6
03-3881-3001

入口旁的招牌代表什麼意思？
「わ」+板＝「水已熱」表示營業中
「ぬ」+板＝「待蓄水」表示準備中

木片就是鑰匙

鞋櫃上的松竹錠[1]

松竹錠工業於昭和二十九（1954）年開發的鞋櫃鎖。戰後由於鞋子經常失竊，因此將鞋櫃上鎖。

「拉弓射箭」的發音與「泡湯」相同。

江戶時代的澡堂招牌。

兔毛通[2]

唐破風
寺廟入口的屋頂設計。表示此地為神聖的場所。

花鳥風月繪圖

更衣場的木格天花板
寺院裡常見的高貴造型。

北千住是錢湯博覽會

タカラ湯
建於昭和十三（1938）年。中庭的日本庭園造型雅緻。

從外廊可以清楚看見池中優游的錦鯉。

DATA
足立区千住元町 27-1
03-3881-2660

從前，巷道裡的長屋內並沒有浴室。因此這一帶就有五間錢湯。

玄關正面磁磚上的跳躍鯉魚圖據說會帶來好運。

梅之湯
創業於昭和二（1927）年。目前的建築物建於昭和三十（1955）年。

DATA
足立区千住旭町 41-11
03-3881-6310

[1] 松竹錠：鎖頭
[2] 兔毛通：指唐破風上的懸魚（用來修飾屋頂脊柱兩端的雕刻飾板）。

151

街町裡的洋風與日系醫生

這棟如同電影《哈利波特》當中出現的洋館，以具有陡斜的三角形屋頂與西洋風的裝飾來強調西洋醫學的身分。另一方面，源自江戶時代的名醫，使用的是具有長屋門與土藏的日式建築。從建築物本身散發的「西洋」或「日式」風格，就能看出這些診所是在哪個時代開業。

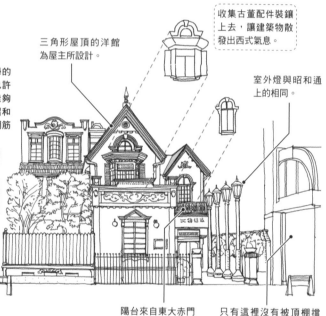

收集古董配件裝鑲上去，讓建築物散發出西式氣息。

三角形屋頂的洋館為屋主所設計。

室外燈與昭和通上的相同。

大橋眼科醫院
大正時代，推崇西方醫學的醫院大多為西式洋館。也許一方面是為了讓兒童們能夠留下深刻印象吧。建於昭和五十七（1982）年，為鋼筋水泥打造的三層樓建築。

將建於大正六（1917）年、具有半木結構（89頁）風格的洋館醫院，保留部分建築改建而成。

陽台來自東大赤門前的菸草店。

只有這裡沒有被頂棚擋住，可以清楚看見外觀。

名倉醫院
從江戶時代就是著名的接骨醫師，以「日式」的長屋與土藏來凸顯權威感與傳承。

江戶時代的庶民，住家是沒有門的，由於這裡是將軍狩獵時的休憩場所，才特別允許加上門。

名倉醫院的土藏
進行接骨治療時，繃帶的纏法也是有技巧的。以白色的土藏讓人聯想到白色的繃帶。

黑色的木板牆象徵名倉醫院使用的藥材「黑膏」與黑色的醫生服。

長屋門是佣人作為起居室的長屋與門兩相結合而成，特許作為武家的屋舍使用。

將主角團團圍住的大眾酒場吧檯

幾乎每位客人都會點的招牌菜就是燉牛肉。吧檯後面那只燉牛肉的大鍋，不論從哪個角度都能看得一清二楚。

大はし

**東京三大
燉煮名店之一**

大はし
創業於明治十（1877）年的居酒屋老店。

招牌菜「燉牛肉」加上豆腐的「肉豆腐」，是可以不斷加湯的美味佳餚。

原先是牛肉專賣店，之後開了牛肉鍋店，難怪口味這麼棒。

吧檯裡的大鍋內裝著主角招牌菜。

老闆的招呼聲也成為招牌之一。

呈ㄈ字形的吧檯是貴賓席。

DATA
足立区千住 3-46
03-3881-6050

ㄈ字形吧檯居酒屋的魅力

以ㄈ字形圍住吧檯的客人彼此能夠眼神交會，很容易就能打開話匣子。客人們就像是一起搭乘由老闆開車的同車旅客，也像是一同圍著舞台看戲的觀眾。ㄈ字形吧檯的最大優點，就是很容易讓客人們打成一片。

 老闆 ○客人

細長	等邊	橫長
操作性（動線）佳	吧檯內側即是廚房（開放式廚房）	恰到好處的距離感，最適合一個人喝酒。

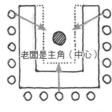

細長形吧檯廚房在內側

老闆是主角（中心）

廚房在裡面

方便移動的空間

能與對面的客人交談。

感覺就像個舞台，老闆是演員，客人是觀眾。

主要的談話對象為老闆。

TSUKUDAJIMA, TSUKISHIMA

佃與月都暗示此地是人工島。
不同時代的巷弄風情

佃島・月島

🚃 最近車站　**東京地鐵有樂町線等　月島站　6 號出口**

**佃島為漁夫之町，
月島為勞工之町**

佃島與月島這兩個地名，當中的「佃」（TSUKUDA）與「月」（TSUKI）的發音與「築」（TSUKU）字相仿，意指此地為填海造地之處。

這兩個填海而成的區域，巷道同樣別具特色，但兩者的性質卻大相逕庭。

江戶時代，被幕府召喚來的攝津（大阪）漁夫們將填海而成的小陸地不斷擴大，佃島於是變成了漁夫之町。另一方面，月島是明治時期的填海之地，附近有石川島造船廠及相關的工場，於是逐漸發展成勞工所居住的街町。

也就是說，從佃島漫步至月島，等於從江戶時代一路走入明治時代。從不同特色的巷弄景色，可以看出時代的變遷，以及漁夫和勞工生活方式的差異性。

從月島站出發往佃島方向前進，來到漁夫之町的船隻避風港。保佑漁夫海上平安的神社，以及每個町（上町、下町、東町）的稻荷社全都聚集在此處，由此可見在大海上搏命的討海人是多麼倚賴宗教信仰的支持。

面對避風港的住吉神社是守護整座島的海神。當初是經由水路將神社請到這裡來祭祀，因此在面對隅田川之處設有一之鳥居，作為迎接海神的標誌。

主要道路後方有幾條巷道，這些巷道路寬不大，而且呈「く」字形彎彎曲曲。這是因為一來可作為漁夫的作業場所，二來可以控制海風的方向，於是形成了這種獨特的巷道空間。

離開佃島往月島的方向走，迎面而來的是「文字燒街」。月島的文字燒非常有名，由於勞工之町月島的居民大多是雙薪家庭，為了讓孩子有點心吃，這裡的點心店於是發展出文字燒。

大馬路後方同樣也是小巷弄，不過路寬比佃島的巷道大，特色也不同。這裡的住宅是玄關或陽台相對，巷道裡充滿各種植栽，恰到好處的距離感，讓住在此地的勞工們得以和平相處。

小知識 ▶ 佃島這個地名源自攝津漁夫的故鄉名。

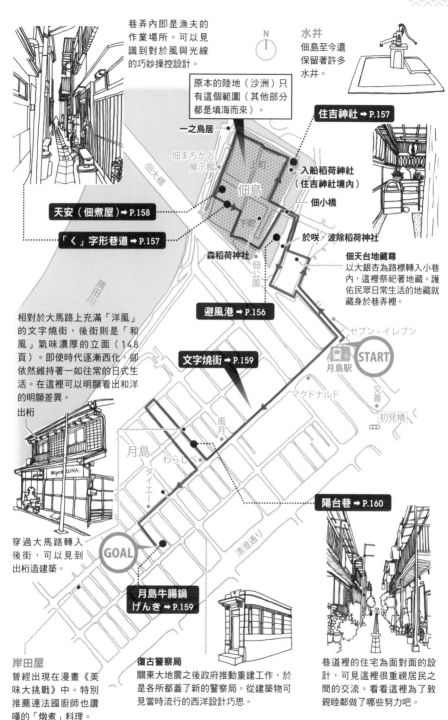

巷弄內即是漁夫的作業場所。可以見識到對於風與光線的巧妙操控設計。

原本的陸地（沙洲）只有這個範圍（其他部分都是填海而來）。

水井
佃島至今還保留著許多水井。

一之鳥居

佃まちかど展示館

住吉神社 ➡ P.157

上町

佃島

入船稻荷神社（住吉神社境內）

佃小橋

天安（佃煮屋）➡ P.158

「く」字形巷道 ➡ P.157

下町

於咲╳波除稻荷神社

森稻荷神社

佃公園

佃天台地藏尊
以大銀杏為路標轉入小巷內，這裡祭祀著地藏。護佑民眾日常生活的地藏就藏身於巷弄裡。

セブン・イレブン

避風港 ➡ P.156

相對於大馬路上充滿「洋風」的文字燒街，後街則是「和風」氣味濃厚的立面（148頁）。即使時代逐漸西化，卻依然維持著一如往常的日式生活。在這裡可以明顯看出和洋的明顯差異。
出桁

文字燒街 ➡ P.159

START
月島駅

マクドナルド

初見橋

風月

月島

わらじ

ダイエー

陽台巷 ➡ P.160

清澄通り

穿過大馬路轉入後街，可以見到出桁造建築。

GOAL

**月島牛腸鍋
げんき ➡ P.159**

岸田屋
曾經出現在漫畫《美味大挑戰》中。特別推薦連法國廚師也讚嘆的「燉煮」料理。

復古警察局
關東大地震之後政府推動重建工作，於是各所都蓋了新的警察局。從建築物可見當時流行的西洋設計巧思。

巷道裡的住宅為面對面的設計，可見這裡很重視居民之間的交流。看看這裡為了敦親睦鄰做了哪些努力吧。

小知識 月島是以隅田川疏濬工程時挖出的泥土填海而成。

佃島

在佃島遇見神明

到避風港瞧瞧吧

在這個漁夫之町裡，避風港是相當重要的地方。這個位於河岸邊的區域，曾經是匯集各式各樣物品的街町心臟地帶。信仰也是人們聚集的原因之一。在避風港內，可以見到保佑出海平安及漁獲豐收的神明們。

避風港
小小的區域內聚集了如此眾多的神社與稻荷社，可以看出漁夫們的信仰是多麼的虔誠。眾神齊聚的避風港是相當重要的場所。

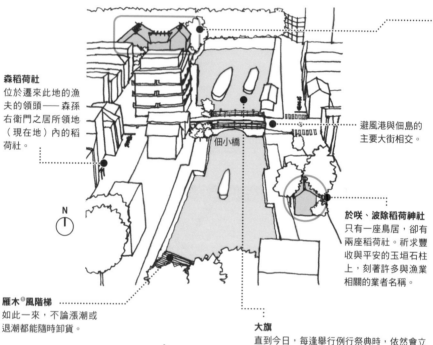

森稻荷社
位於遷來此地的漁夫的領頭——森孫右衛門之居所領地（現在地）內的稻荷社。

佃小橋

避風港與佃島的主要大街相交。

於咲、波除稻荷神社
只有一座鳥居，卻有兩座稻荷社。祈求豐收與平安的玉垣石柱上，刻著許多與漁業相關的業者名稱。

N

雁木①風階梯
如此一來，不論漲潮或退潮都能隨時卸貨。

▼ 漲潮
▽ 退潮

八角神轎
在住吉神社境內可以見到目前服役與製作於天保九（1838）年的兩座神轎。八角型是模仿天皇御座而來。

大旗
直到今日，每逢舉行例行祭典時，依然會立起歌川廣重在《名所江戶百景》當中也出現過的大旗。平日，旗柱與基座就安置在避風港邊。

立起大旗是為了讓神明知道即將要舉辦祭典，神明便會透過大旗降臨凡間。

八角神轎。以前是用來舉辦海中渡御。

① 雁木：設於船隻停靠岸邊的階梯狀結構
小知識 ▶ 住吉的例行祭典為海之祭。海中渡御為昭和三十七（1962）年之前舉行的活動。

156

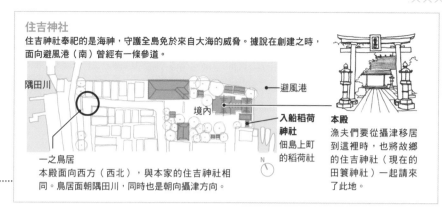

住吉神社

住吉神社奉祀的是海神，守護全島免於來自大海的威脅。據說在創建之時，面向避風港（南）曾經有一條參道。

隅田川

避風港

境內

入船稻荷神社
佃島上町的稻荷社

一之鳥居
本殿面向西方（西北），與本家的住吉神社相同。鳥居面朝隅田川，同時也是朝向攝津方向。

本殿
漁夫們要從攝津移居到這裡時，也將故鄉的住吉神社（現在的田簑神社）一起請來了此地。

以風構成的巷道

佃島的巷道大概是1公尺寬。巷道雖然不寬，卻充滿了不可思議。「為什麼牆壁是白色的？」、「為什麼只有單邊有玄關？」、「為什麼巷道要做得如此曲折？」等等，仔細觀察漁夫之町的巷道，就能一一解開這些謎團了。

佃島的巷道

漁夫之町的
巷道彷彿庭院

漁業工作絕對少不了水。巷道雖然狹小，水井卻是居民的必需品，因此將建築物的一角往內收，用來安置水井。

「く」字形巷道
隅田川附近的巷道之所以如此曲折，是為了避開來自河上的強風，巧妙控制風的流向。

由於巷道狹窄，上方的日照只會反射在牆壁上，因此這裡的牆壁幾乎都是白色的。

家家戶戶室外都有水管，可以用來清洗打漁的工具。

單邊玄關

巷道內只有單側有玄關，前方空地就可以當成作業場，用來晒乾工具或者是做捕魚的相關準備。

157

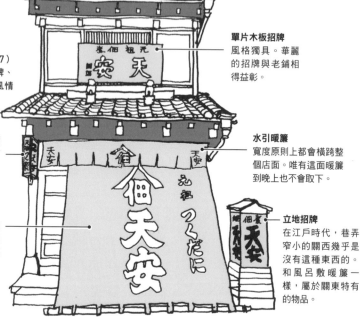

從招牌、暖簾與土間分辨東西

關東與關西的店面結構是不一樣的。風呂敷暖簾、立地招牌等在巷道偏窄的關西地區其實是很罕見的，屬於江戶特有的產物。從土間（未鋪設地板的泥地，為室內與室外的過渡空間）的位置，也可以分辨出是關西還是關東的店家。

天安

江戶與京都的店面結構大不同

天安（佃煮屋）
創業於天保八（1837）年的佃煮老店。招牌、暖簾成為最具江戶風情的門面。

屋簷招牌
由於每晚都會把屋簷看板卸下來，因此打烊又可稱「看板」（招牌之意）。

風呂敷暖簾
除了擔任招牌的功能，同時具有防曬與防風沙的作用。京都則是使用長暖簾。

單片木板招牌
風格獨具。華麗的招牌與老鋪相得益彰。

水引暖簾
寬度原則上都會橫跨整個店面。唯有這面暖簾到晚上也不會取下。

立地招牌
在江戶時代，巷弄窄小的關西幾乎是沒有這種東西的。和風呂敷暖簾一樣，屬於關東特有的物品。

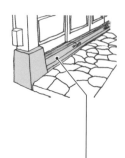

門檻是可拆卸的活動式。這是為了在土間進行與水相關的作業之後方便讓水流出室外，或是讓人力車進出，是漁家的特徵之一。

從土間的位置分辨是關東或關西的商店

相對於京都的通道庭院，屋子前方若有1公尺寬的前庭，就是江戶風店鋪。

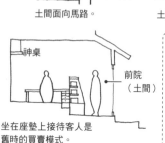

關東　前院（土間）　土間面向馬路。

關西　通道庭院（土間）　土間與馬路垂直相交。

神桌　前院（土間）

坐在座墊上接待客人是舊時的買賣模式。

即便漁夫捕獲的是雜魚，批發商也必須照單全收。為了處理這些雜魚，於是發展出佃煮這項生意。

夾縫間的月島風情

走在文字燒街上，夾在建築物之間的巷道別有一股吸引力，讓人忍不住想要一探究竟。夾縫間隱約可見的庶民生活及精心栽種的盆栽，孕育出月島獨有的生活氣味。

月島

文字燒街上
不是只有文字燒店

只將外表洋化的看板建築（164頁）於震災之後蔚為流行，主要大街上洋溢著「西式」氣味。

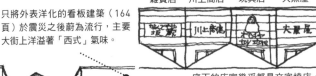

雜貨店　川上商店　玩具店　大黑屋

底下的店家幾乎都是文字燒店，抬頭往上看招牌，就知道以前從事的是什麼行業了。

巷道入口。從隙縫間隱約可見庶民的生活空間。

文字燒街

這裡大約聚集了七十家左右的文字燒店。原先是為了讓孩子吃點心，於是點心店開始賣起了文字燒。

月島牛腸鍋げんき

吧檯特別高是因為這裡曾經只賣外賣。之後因為站著吃的客人愈來愈多，才開始放置椅子。這裡可以吃到關東罕見的肺臟。

酒類只提供日本酒與high ball調酒，也允許客人自己帶最多兩罐啤酒。

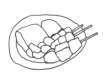

三串加上豆腐、雞蛋的「全套」套餐最划算。

巷道

店內不設用餐區，營業時巷道就成了內用座位。

DATA
中央区月島 3-8-6
03-3531-5900

陽台面對面的三大功能

月島的巷道

**面對面的住宅，
巷道就是廣場**

玄關或陽台相向的巷道，變成大家共有的廣場。居民們分享陽光與風，努力做好敦親睦鄰的工作。散步時不妨一邊觀察這些陽台的三大功能（①交流②保有隱私③曖昧空間）。

陽台型巷道

月島是勞工居住的街町。巷道內的長屋等同工廠宿舍，因此特別注重彼此的溝通交流。

要能夠作為廣場使用，巷道寬度至少必須有2.6公尺左右。

陽台下方是模糊地帶。除非有需要，否則這區域一般人是不會進入的。

剖面圖

臥室 ②

起居室 ③

①

2.6公尺

2.6公尺的路寬可以確保兩側都能獲得日照與通風。

陽台可避免外人的視線直接闖入臥室，確保個人隱私。

盆栽可以避免行人太靠近，同時遮住視線。

親子格柵（77頁）

光線可以透過上方進入室內，視線高度處的擋條排列較密，可以擋住外人的視線。

巷道風景因種植的綠色植物種類不同而各具其趣。

玄關或陽台面對面，人與人易於交流，巷道也化身成為廣場了。

月島的巷道內，住宅的陽台是相向的，對面三戶與左右鄰居的關係，彼此都很清楚。

巷道路寬約2.6公尺，左右兩側置有盆栽。綠意盎然是月島巷道的特色之一。

在月島幾乎看不到水井。明治之後，水井都被填平了，因為明治末期為了整頓公共設施，在這裡設置下水道。

功能大不同的三種招牌

江戶時代的招牌，大致上可分成三個種類。常見的屋頂招牌大多匠心獨具，也能充分表現店家的風格。每天都會取下的屋簷招牌是用來表示店鋪是否營業中。立地招牌是道路較寬的關東地區特有的招牌。這些招牌從立體到各式各樣的造型都有。

匾額式的橫書招牌（屋頂招牌）
以前必須獲得寺院的許可才能使用這種招牌。文字從右而左書寫，表示這是戰前的物品。

屋頂招牌
沒有放置立地招牌的關西地區，大部分店家都把心力花在屋頂招牌上。

如今，在街町中也可以看到繼承了舊招牌形式的招牌。

屋簷招牌又分與馬路垂直相交及與馬路平行兩種。

〈直交〉　　〈平行〉

垂直吊掛於牆壁的招牌每天打烊時都會取下，因此有些會安裝把手。

與牆壁平行吊掛的招牌不會每天取下。只有單面書寫文字。

屋簷招牌
這個招牌每天都要卸下來。這也正是打烊又稱「看板」的由來。

立地招牌
關東特有的招牌。在馬路不寬的關西地區幾乎看不到。

有趣的招牌

酒舖的金色文字招牌，以金箔寫上銘酒名稱。

酒鋪利用懸掛杉玉來告知客人新酒已到貨。（115頁）

藥局的金色文字招牌。由廠商交給店家使用。

因為使用高價的金而深獲信賴。

寫上「ぬ」字的「板」代表準備中。

錢湯的招牌

寫上「わ」字的「板」代表營業中。（151頁）

TSUKIJI

本願寺的紅豆麵包，
場外市場揭開壽司店的祕密

築地

池袋　北千住
四谷　上野
新宿　東京
澀谷
品川

🚇 **最近車站** 　東京地鐵日比谷線　築地站　1 號出口

氛圍迥異的兩種町家
內外設計風格懸殊的本願寺

　　如同其名，築地乃是填海造地的街町。淺草的本願寺在明曆大火❶時燒燬，當初要尋找地點重建之時，築地還只是一片海。也就是説，築地是隨著本願寺的重建填海而成的區域。

　　東京同樣在關東大地震時幾乎化為灰燼，於是趁此機會將市場從日本橋轉移到此地，同時重建本願寺，逐漸形塑出今日的築地街町雛形。由於躲過戰時的空襲，即使遭受震災，街町的保存狀況相對仍較為完整。

　　來到築地時絕不可錯過的就是前述的「本願寺」、「市場」，以及殘存的「看板建築」（54頁、172頁）。要掌握的關鍵字為「對比」，譬如「和」與「洋」、「外」與「內」等等，散步時一邊進行對比，將會有意想不到的收穫。

　　出發地點為築地站。首先去看看築地本願寺周遭的街景吧。走一會兒來到築地六、七丁目附近，放眼望去可以找到不少看板建築。這些充滿西風的看板建築是震災之後開始流行的設計，就這麼維持原貌保存至今。

　　這裡的看板建築雖然醒目，但仔細察看，可以發現當中也參雜著純和風的建築。以對比強烈的日式或西式建築來凸顯所販賣的商品，相當有趣。

　　走一圈之後，我們去看看築地本願寺。看起來不太像寺廟的外觀令人印象深刻，這可是建築師伊藤忠太的傑作。這是他師法佛教的源頭印度，將印度風融入了建築物本體。這座外觀乍見為印度風設計的寺廟，內部卻處處可見日式的設計巧思。參觀這座寺廟，不少地方都能見到明顯的對比。

　　離開築地本願寺後，繼續往市場前進。提到築地市場，首先浮出腦海的便是「魚」。不過，在場外逛一圈，會發現賣魚的店並不多。各位的焦點不妨落在這些不賣魚的店家，因為解讀築地市場的關鍵，就藏在他們身上。

　　明石町一帶曾經是外國人的居留地。本書中雖然沒有做詳細的介紹，不過這個受西風影響甚深的海上大門，也是相當值得一探的景點。

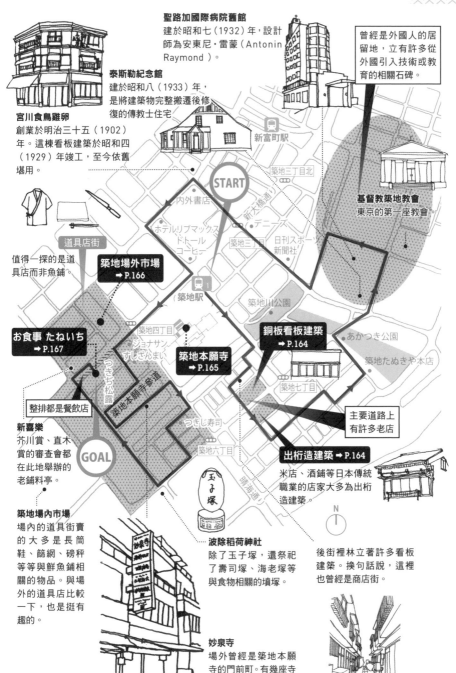

聖路加國際病院舊館
建於昭和七（1932）年，設計師為安東尼・雷蒙（Antonin Raymond）。

曾經是外國人的居留地，立有許多從外國引入技術或教育的相關石碑。

泰斯勒紀念館
建於昭和八（1933）年，是將建築物完整搬遷後修復的傳教士住宅

宮川食鳥雞卵
創業於明治三十五（1902）年。這棟看板建築於昭和四（1929）年竣工，至今依舊堪用。

新富町駅

築地三丁目北

基督教築地教會
東京的第一座教會

START

內外書店

新大橋通

築地三丁目

ホテルリブマックス
ドトール
コーヒー

日刊スポーツ
新聞社

デニーズ

道具店街

值得一探的是道具店而非魚鋪。

築地場外市場
→ P.166

築地駅

築地川公園

あかつき公園

築地たぬきや本店

お食事 たねいち
→ P.167

築地四丁目

ジョナサン
すしざんまい

築地本願寺
→ P.165

銅板看板建築
→ P.164

つきぢ松露

築地七丁目

整排都是餐飲店

築地本願寺參道

主要道路上有許多老店

新喜樂
芥川賞、直木賞的審查會都在此地舉辦的老舖料亭。

つきじ寿司

GOAL

築地六丁目

晴海通

出桁造建築 → P.164
米店、酒鋪等日本傳統職業的店家大多為出桁造建築。

N

築地場內市場
場內的道具街賣的大多是長筒鞋、篩網、磅秤等等與鮮魚鋪相關的物品。與場外的道具店比較一下，也是挺有趣的。

玉子塚

波除稻荷神社
除了玉子塚，還祭祀了壽司塚、海老塚等與食物相關的墳塚。

後街裡林立著許多看板建築。換句話說，這裡也曾經是商店街。

妙泉寺
場外曾經是築地本願寺的門前町。有幾座寺院今日依舊保存完好，大樓之中也有寺院。

平坦的西式與凹凸的日式

重建商店的立面（148頁），可以依照買賣的種類或是否與傳統相關，來選擇要採取西式或日式風格。西式看板建築的平坦外牆上有著充滿巧思的設計，而日式出桁造建築當中的屋簷與排水槽等突出的地方，也十分有看頭。

銅板看板建築

看板建築的特徵之一，就是讓日式建築物戴上一副西式的面具。從細節處的設計，還可以細分出「日式」與「西式」。

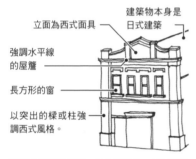

建築物本身是
日式建築

立面為西式面具

強調水平線
的屋簷

長方形的窗

以突出的樑或柱強
調西式風格。

強調水平線的屋簷，長方形的窗，以及強調
梁柱等，都是西式看板建築的特徵。

位於主要道路上，以高
價的銅來凸顯格調。

屋頂看起來是平的，
但其實只有立面的部
分，後面還是原本的
斜屋頂。

具備戶袋、滑動式拉窗
等結構的是日式看板建
築。內部的日式風格，
自然地融入外觀之中。

出桁造建築

指支撐屋簷的梁與桁突出於本體之外的建築物。由於屋簷向外伸出較長，凹凸感也變得更明顯。

大正時期之後，二
樓通常都被當成住
居使用，樓高也變
得更高了。因此，
二樓較高的建築基
本上就是大正之後
的產物。

江戶時代之後，某些行業（米店、酒
鋪、豆腐店）的房子經常都是出桁造
建築。

出桁　出梁

切面　排水槽

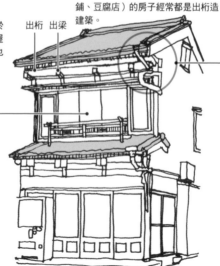

銅製的排水槽。凹凸
有致的排水槽，以及
出桁、出梁突出端的
切面都包上銅，作工
精緻，可見工匠的技
術相當純熟精湛。

築地本願寺

隱藏於異國印度風
造型下的日本精神

印度外表，日本內在

築地本願寺雖然擁有印度風的外觀，內部卻充滿了日式風格的設計巧思。最重要的本殿，完全就是個純日式的空間。仔細觀察細節，想想看為何要採取印度或日式風格打造的理由。此為昭和九（1934）年重建的建築物。

有不少仿照佛塔造型的印度風尖頭設計。

鐘樓的屋頂

帶有印度風的火燈窗

扶手是仿照印度常見的「錐形塔頂」（sikhara）打造。

—————————— 外觀呈印度風 ——————————

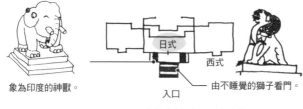

象為印度的神獸。

日式

西式

入口

由不睡覺的獅子看門。

在西式與日式交接處的樓梯以及在動線部分，都有動物出現。如同紅豆麵包上的配料芝麻粒，這些是喜愛動物的建築師伊藤忠太畫龍點睛的巧思。

—————————— 內部（本殿）為日式風格 ——————————

楣窗為日式設計

供佛的地方(內陣)是全鋪上榻榻米的純日式空間。

佛教已經日化，因此供佛的空間便採用了日式設計。

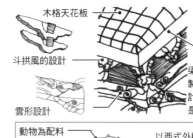

木格天花板

斗拱風的設計

雲形設計

木格天花板、雲形等等都是日式風格

梁雖然是水泥製，透過巧思設計，看起來完全是日式風格。

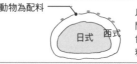

動物為配料

日式　西式

以西式外觀包裹日式空間，就像是西式的「麵包」中裹著日式的「餡料」。

場外的魚鋪少之又少

提到築地市場，大部分人都會聯想到「魚」。實際到場外走一圈，會發現這裡幾乎看不見魚鋪，因為處理鮮魚的地方在場內。令人意外的是，這裡竟然有不少調理道具店或是販售相關物品的商店。不妨一邊閒逛，順便看看有哪些商店吧。

薑片、竹葉店

米店

有許多販售調理器具以及相關物品的專賣店。

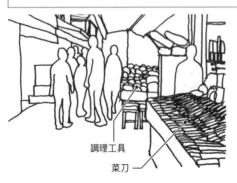

米	海苔	薑片、竹葉
茶杯	茶葉	煎蛋捲
白色工作服	餐具	菜刀	芥末

場外走一圈，就能找齊廚師工作時需要的所有器具。

由場外各式各樣店家的聯合演出，才能造就出這些壽司店與餐飲店。店門口擺滿了以場內提供的魚貨捏製成的壽司。

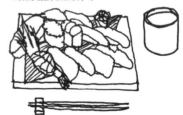

調理工具

菜刀

場外的餐館

彷彿室內又像室外的飲食空間

往外推出的客席

場外大多是客席不多的小店。也許是因為如此吧,通道於是演變成內用的座位。坐在這種分不清是外部空間還是內部空間的客席吃吃喝喝,也是挺有趣。

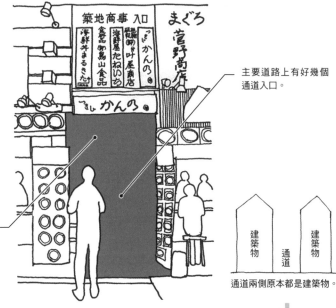

主要道路上有好幾個通道入口。

穿過通道之後可以銜接後街。這裡原本應該算是外部。

通道兩側原本都是建築物。

簡易屋頂

倉庫　倉庫

因為蓋上了簡易屋頂,座位區與通道的界線就變得模糊了。

走入通道,左右兩側其實都是同一家店,卻有種闖進店裡的錯覺。

這個地方原本是通道(外部),因為排滿了座位,感覺好像走進了店內。

路過時有種從店裡穿過去的感覺,但這裡的確是通道。

お食事 たねいち

最受歡迎的是使用了新鮮海產的海鮮丼。

DATA
中央区築地 4-9-5
03-3248-5517

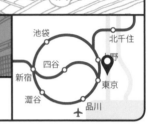

NINGYO-CHO

如今依舊可見的招牌建築。
透過技術、飲食、藝術玩味下町風情

人形町

🚇 **最近車站** 東京地鐵日比谷線等　人形町站　A5出口

地圖：池袋、北千住、上野、四谷、新宿、東京、澀谷、品川

**將焦點放在和風町屋‧
看板建築及茶室風建築**

人形町因為沒有受到空襲的波及，是最能夠體驗復古又美好的昭和初期景色的街町。一戶一戶的房子不是特別大，也不是特殊的建築，其間還散落著為數眾多的昭和初期町家。拜訪這些町家，可以清楚了解這個經由漫長歷史醞釀而成的街町樣貌。

當江戶成為幕府之時，此地曾經有吉原遊廓。之後，江戶歌舞伎的發祥始祖「中村座」、「市村座」等小劇場出現了。隨著時代的演進，淨琉璃、人偶劇應運而生，製作、操控人偶的工匠匯集此地，因而有了這個地名。

進入明治時代，花街「芳町」生意興隆，與花街相關的商人及工匠，成為促進街町繁榮的重要推手。

散步人形町時，不妨多注

歌舞伎《勸進帳》
當中的弁慶像

意以下三種建築物型態。

第一種是和風町家。從關東町家特有的出桁造建築，可以看出老店最重視的就是「格調」。

第二種是茶室風建築。採用天然建材打

計時台

造，質感細膩，在從事與花街相關生意的店家，最容易看到這種建築的特徵。大觀音寺旁的「藝者新道」，是一條曾經布滿置屋及招待客人的茶室風建築料亭的街道。

第三種是看板建築。關東大地震之後，開始流行平屋頂的西式木造建築。地震之後，人形町的主要大街上，幾乎都是這種建築物。今日，造訪這些看板建築店家，從父子代代傳承之姿，不難理解為何這裡是個由技術與美食打造而成的街町。

建築、飲食、技術、藝術合而為一，成就了這座別有韻味的下町。

淺草

千束・三之輪

北千住

佃島・月島

築地

人形町

深川・門前仲町

藝者新道 → P.171
至今依舊可嗅聞到芳町藝妓之街的氣息。

自製自銷的人形燒老店，販售的是研磨加工的刀具。

殘存於路名上的吉原遊廓。

うぶけや → P.170

加島酒店 → P.173

可以在店裡「站著喝」的酒鋪。

START

人形町駅

A5

喫茶 RON

橘稻荷

玄治店

金座通り

大門通り

GOAL

伊勢利

筑前屋

「よし梅」芳町亭 → P.171

よし梅 → P.171

鮨太田　きく家

日本橋小学校

魚久本店

大観音寺

近為（京漬物）

芳味亭

京家

今半

ばち英 → P.170

小春軒

來福亭

花屋 KUKKA

玉ひで

鯨のオブジェ

喫茶去 快生軒

関山

甘酒横丁

Salvatore Cuomo&Bar

甘酒横丁

志乃多寿司

岩井藤籠店 → P.170

可近距離欣賞傳統工藝技術。

六文そば

福そば

佐野時計店

マクドナルド

からくり櫓

人形町通り

柳屋
創業於大正五（1916）年，是東京鯛魚燒御三家之一。

あをき

京粕漬　魚久

茶ノ木神社

三原堂本店

壽堂 → P.172
販賣京都點心的看板建築店家。

高柳豆腐店 → P.172
人形町最不能錯過的看板建築。注意看板建築，就能找到昭和初期的飲食老店。

新大橋通り

ジョナサン

交番

水天宮前駅

水天宮
祈求安產、免於水難的著名宮廟。

重盛永信堂
以七福神為模型的人形燒最富人氣。

■▪：表示為看板建築。

千鳥堂　壽堂

うぶけや

表示為看板建築。

展現老店技藝的和風町家

走入「うぶけや」店內，會發現這裡除了是賣場，也是工場。從「岩井藤籠店」開始，這裡不少店家都是採取「自製自銷」的形式。正是這些老店，形塑了這個街町的獨特景象。

うぶけや

以「連汗毛都能剃、能切、能拔」自詡的刀具店。創業於天明三（1783）年，第一代職人手藝精湛，這項絕技不斷傳承至今。

唐傘天井及網代張天井❶。道具店鮮少採用這種茶室風的天花板。不論是外觀還是室內裝潢都相當典雅，值得玩味。

仿照茶室入口的小門將天花板往下降，部分採用網代張天井。

二樓兩側裝有戶袋（戶袋風格）的是關東式町家。

老闆看得到的地方全都擺滿商品。

在店鋪後方將刀具加以研磨、整理之後再販售。

也有展示中國的文化財。

拔毛夾

裁縫剪刀
據說這裡是日本最早製造、販售裁縫剪刀的商店。

日式剪刀
附近有織品批發店，剪刀也因此成為必需品。

DATA
中央区日本橋人形町 3-9-2
03-3661-4851

岩井藤籠店
藤籠原本是以藤蔓編織成、附有上蓋的籠子（現為竹籠）。通常作為藝妓們放置衣服的容器。

藤籠

可以在現場觀看在竹籠貼上和紙、上漆的一連串作業。

DATA
中央区日本橋人形町 2-10-1
03-3668-6058

ばち英
對花柳界、劇場來說都不可或缺的三味線店家。創業於大正六（1917）年。

將琴筒與琴桿組合之後販售。

❶ 網代張天井：天花板以杉樹皮或竹皮編織成格狀，是茶室常用的設計。

黑牆上的花街氣味

雖然還不至於是「華麗的黑牆與參天古松」，但是從黑牆上的盆栽與茶屋風的建築，可以看出這裡曾經是料亭。大觀音寺旁不到一百公尺的藝者新道上有許多諸如此類的店鋪，花街的氛圍依舊在這裡徘徊，至今不曾散去。

藝者新道

**走入巷道
彷彿穿越了時空**

「よし梅」芳町亭

這棟建於昭和二（1927）年、用來接待客人的茶屋風建築，也曾經是女星花柳小菊的住家（登錄為有形文化財）。

二樓的窗戶掛上了簾子。

二樓是招待客人的料亭。窗上掛著簾子，表示這裡是客席。

突出一角的扶手展露的輕巧感十分符合日式風格。

黑牆與開在黑牆上的門，是料亭的基本配備。

藝者新道

這裡是最值得一看的景點。遊廓通常會與寺廟配對出現。寺廟與巷道（花街）是相當具有吸引力的組合。昭和年代的女星花柳小菊曾經住在此地，因此又稱「小菊通」。

料亭老店「よし梅」。利用一小部分的舊藝妓置屋蓋成的建築。

よし梅

位在巷道深處營造「祕境」感，是料亭常用的手法之一。

通往巷道更深處的石板路。

下地窗

土牆上可見竹條的窗戶，是料亭常用的設計。

花街巷道內的小裝飾

巷道內藏著各種小裝飾。這些為巷道增添不少趣味的小東西，大家不妨也找找看吧。

回首怒目之姿

屋頂上的鍾馗像具有避邪的效果。在京都經常可見。

路邊的小祠

花街裡也祭拜代表男女結緣的道祖神。

手壓式水井幫浦

巷道內的標準配備，目前依舊還在使用。

整座水井充滿日式風情，營造出濃濃的下町氛圍。

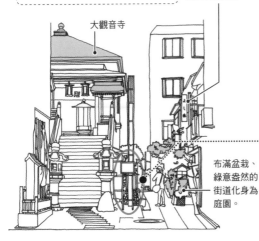

大觀音寺

布滿盆栽、綠意盎然的街道化身為庭園。

以看板建築為指標，找出「飲食」老店吧

人形町裡有不少昭和初期流行的看板建築（164頁）。走訪這些店家，除了品嚐自古傳承的美食，也能體驗舊時代的人情味。看板建築，已經成為尋找這些老店的最佳指標。

高柳豆腐店

自產自銷的老店

高柳豆腐店
創業超過百年的豆腐店。這是一棟昭和初期的建築，當時並沒有委託設計師，而是由工匠與老闆一起攜手完成。

露出的板金上一定會有龜殼之類的江戶小紋圖案。

不必花很多錢就能喝到店家自製的豆漿。

銅板整個採用一文字葺，綻放著氧化之後的銅綠色。

正面基本上都是左右對稱。外觀平坦，就像大樓一樣。

外觀雖然呈現西洋風，窗戶卻因為工匠的精湛工藝而流露出「日式」氣味。

街町裡一定都會有兩到三家豆腐店，上門的大多是常客。可以在這裡獲得街町相關的訊息。

經常使用在板金上的江戶小紋

一文字
基本款式。

龜殼
經常出現在戶袋上。

菱形
數量僅次於一文字。

麻葉
做工繁複，因此並不常見。

壽堂
創業於明治十七（1884）年的京都點心老鋪。高掛著長暖簾，腰牆上擺著犬矢來（104頁），京都味十足。這些都是京都點心店常見的擺設。

名物「黃金芋」
實際上完全沒使用到地瓜。可以長時間保存，適合作為接待客人與料亭的土產。

建築物本身為摩登的西式看板建築。

水引暖簾。

犬矢來在京都十分常見，主要用於保護腰牆。

長暖簾
東京偏好稍短的半暖簾，不過這裡走的是京都風（56頁）。

○○軒或○○亭為餐飲老店
人形町裡有不少以「亭」或「軒」為店名的店家。

喫茶去 快生軒
喫茶去為禪語「請喝茶」之意。創業於大正八（1919）年。

來福軒
蛋包飯上有兩粒碗豆。創業於明治三十七（1904）年。

芳味亭
在和式座位吃西餐的先驅，創業於昭和八（1933）年。

小春軒
特製「豬排丼」。創業於明治四十五（1912）年。

172

加島酒店

**內行人
才知道的名店**

一起來體驗「站著喝酒的酒鋪」吧

這裡採取的是在酒鋪內站著喝酒的型態。戰後由於人民的收入不豐，大家會先去便宜的「站著喝酒鋪」喝上一杯，再去小餐館。這是曾經流行於昭和三〇年代（1955～1964）的飲酒方式。來到這裡，還可以順便欣賞一下出桁造建築（164頁）呢。

加島酒店
建於昭和三（1928）年，屬於町家建築的酒鋪。

藏身於出桁造建築的店家，店面結構十分具有「格調」。

招牌
以金色立體文字寫著京都銘酒「キンシ正宗」的招牌。

現在是鐵捲門，以前這裡有木格門，還有前院。

雖然出入這裡的都是常客，大家不妨鼓起勇氣進去瞧瞧吧。

淺草

千束・三之輪

北千住

佃島・月島

築地

人形町

深川・門前仲町

①在店裡挑選酒類與下酒菜，罐裝啤酒就自己去冰箱拿。

②接著去結帳。

鋪上木板就成了簡易餐桌。

底下以啤酒箱疊起來。

因為是酒鋪，在這裡站著喝，可以選擇的銘酒種類相對較多。這裡不會收取餐前小菜費，口袋有點錢就能來小酌一下。客人通常不會久待，迅速喝一杯逗留一會兒就離開。

桌上擺滿了一升的瓶裝酒。

③利用桌子空著的角落喝一杯。

※沒有洗手間。

DATA
中央区日本橋人形町 2-7-11
03-3666-5848

173

FUKAGAWA, MON-NAKA

在「日常」賺錢，在「非日常」花錢。
街町裡顯而易見的深川之子特質

深川・門前仲町

🚇 最近車站　東京地鐵東西線等　門前仲町站　3號出口

尋訪構成運河的「日常」與「非日常」

　　從日本橋往永代通前進，過了隅田川就是深川了。如同其名，深川是個由幾條運河交織而成的水上街町。這裡還保留著一些如木場、古石場等地名，當初經由運河運送的木材、石材等資材及生活物資都集中在此地，可說是江戶的物流中心。

　　從永代橋的東側往北而上，這個區域稱為佐賀町。信步往前，可以看到「佐賀稻荷神社」。神社境內的天水桶上刻著米仲間，這是個相當大的石頭，以前在稻米批發店工作的勞工，對臂力有自信的人會相互較勁，看誰能輕鬆抬起這塊巨石。這附近有不少米倉，想必與此多少有點關係。

　　離開佐賀町，沿途可以觀賞為了幫助關東大地震災民而設立的公營食堂（現在是深川東京MODAN館），以及曾經是戰後黑市的辰巳新道，繼續往木場的方向前進。木場西側的富岡二丁目周邊，是由一連串銘木❶店匯集而成的木材商街區。從前的銘木店都是木造的高樓建築，為了將長木材直立存放，因此特地把建築物挑高。店鋪的後方則作為居所。木材商的和風住宅有著以木紋完美的一片式木板製成的大門等等，古意盎然又富巧思。從這些派頭十足的建築，不難看出當時木材商的生意是多麼繁盛興隆了。

　　最後要看的是富岡八幡宮。若說佐賀町、木場是讓人們得以維持生活的「日常」空間，那麼富岡八幡宮就是「非日常」的場所了。身為江戶的物流中心，除了人力、物力齊聚，就連金錢也滾滾匯聚此地，因此這裡當然也有能讓人盡情花錢的「非日常」活動。「深川八幡祭」是江戶三大祭之一，那些攢了不少錢的大老爺們，無不趁著祭典的大好良機炫富一番，彼此較勁財力。勸進相撲也是「非日常」的活動之一，這是為了募集興建或修繕寺社的資金時，經過寺社奉行許可之後所舉辦的相撲表演。在富岡八幡宮境內，可以見到橫綱力士碑以及相撲力士的手印。

---

❶ 銘木：不論木紋、光澤、材質都相當美麗且饒富趣味的高價木材。通常作為床柱、床框（凹間地板的裝飾橫木）、竿緣天井（一種以細長的角木間隔配置後，再於其上安置天花板的傳統日式天花板）等內裝使用。

佐賀町
還保留著運河的佐賀町。江戶時代這裡曾經為米倉，如今則是物流集中地。

八幡橋
八幡橋是日本最古老的鐵橋。八幡橋下曾經是運送木材的八幡堀，再往前可連結油堀（現在是高速公路）。過了橋（東側）即是木材商雲集的街町。

神社的奉獻箱上印有稻米圖案。佐賀町裡有不少米店。

佐賀稻荷神社
➡ P.176

紀文稻荷神社 ➡ P.176
與紀伊國屋文左衛門齊名的神社。

三井倉庫

日立物流

START

永代橋

深川東京MODEN館
曾經是關東大地震接濟災民的市營食堂。

從建築物的高度、領地範圍的大小以及道路寬度，可以判斷這裡即是木材商之町。

（舊）梶本銘木店
➡ P.177

辰巳新道
曾是戰後黑市（攤販）聚集之處，是一條充滿昭和氣氛的橫町。

GOAL

澀澤榮一邸遺跡
➡ P.176
成為近代物流的據點。

這一帶曾經是花街，如今還留有一些舊料亭。

門前茶屋 ➡P.179

深川宿 富岡八幡店➡ P.179

富岡八幡宮➡P.178
深川的「非日常」舞台就在富岡八幡宮。從日本第一的神輿、與相撲相關的石碑等等，可以感受到當地人對於「非日常」的氣度。

割烹 金柳
創業於大正十(1921)年，屹立於大橫川畔，為三代相承的料亭老鋪。現在已經沒有藝妓了，料亭的店數也是屈指可數。

深川不動堂
成田山新勝寺的不動明王，首次分靈至江戶就是到參道上重建的永代寺。

佐賀町

從稻荷社解析
稻米批發商

運河與倉庫街令人聯想到米倉

出現稻荷社，表示這附近有許多稻米批發商。加上有運河，物流業也相當發達。傳說中的富商紀伊國屋文左衛門，以及明治時期的實業家澀澤榮一，在此地都擁有倉庫與住居。直至今日，他們的物流與倉儲業也依然經營中。

佐賀稻荷神社
創建於寬永七（1630）年，祭祀稻米之靈宇迦之御魂命，祈求五穀豐收。

玉垣上刻著物產業、運送業、穀物批發工會等等的名稱。

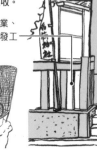

天水桶上刻著「米仲間」等字。

神社境內的巨石
這個地區曾經有許多稻米批發商，一些對臂力有自信的搬稻米工人，甚至可以抬起這些大石頭。

奉獻箱上畫著象徵稻米的稻穗。

紀文稻荷神社
江戶前期，經營木材累積大把財富的富商紀伊國屋文左衛門，在這裡有個米倉，人們於是在這裡祭祀。

紀伊國屋文左衛門以運送紀州蜜柑而成為傳奇，也因為經營物流成為富商。

大型倉庫林立

三井倉庫

日立物流

佐賀町的運河沿岸有不少經營倉儲與物流的公司，取代了江戶時代的米倉及大型運輸船。

澀澤榮一邸遺跡
（澀澤 CITY PLACE 永代）
明治三十（1897）年創立了澀澤倉儲部，是保管稻米、雜糧的倉庫。

日本資本主義之父
澀澤榮一是日本近代化過程中很早就提出物流與倉儲業重要性的人物。

探訪木場、木材批發商遺跡

富岡

支撐深川的木材商

這個位於木材儲放場（現在的木場公園）西邊的區域，在昭和三〇年代（1955～1964）曾經有一連好幾家的銘木店。為了存放木材而將屋頂挑高的建築物，至今依舊可見。從接連有後方的宅邸，可以看出這裡曾經因買賣木材而致富。

屋頂有個突出的小屋是木材行的特徵之一。

建築物之所以挑高，是因為這裡是倉庫兼店面。為了將銘木展示給客人看，因此店鋪必須兼展示場使用。

（舊）梶本銘木店
建於昭和二十八（1953）年，從外面看是兩層樓，其實室內為三層樓，算是高度相當高的木造建築。

曾經用來懸掛招牌的部分，至今依舊保留著。

整座建築物十分高聳。為了將木材搬入室內，一樓的開口部也是既高又寬。

將樹木遮蔽起來是西式的做法，露出樹木則是日式的設計。木材行的住家，當然最適合能夠見到樹木的日式風。

附近有辦公大樓與公寓大廈。因為是木材行，因此土地劃分的面積較大。

桁架門[1]的桁木以及椽木[2]都採用粗圓木，柱子上還有名栗（86頁）加工的紋路，茶屋風格濃厚。

馬路必須夠寬，才能夠搬運木材。從以前馬路就十分寬敞，表示這裡很有可能是木材行街。

再往前就是存放木材的地方。

楣窗的設計也相當雅緻。

大門採用木紋相當美麗的一片式木板，這是銘木店才負擔得起的奢侈。

昭和三十年代的模樣

巨大的招牌與文字相當特別。

每家木材行的門面都非常寬。

樹頂朝上

樹根朝下

建築物使用的木材，必須依照樹木生長時的狀態來立起。

有些林場為了讓木材乾燥，會以頭下腳上的顛倒方式來存放。

❶ 桁架門：日文為「腕木門」，彷彿從門柱伸出兩隻手撐住屋頂，因而有此稱呼。
❷ 椽木：從室內可以看見，以等間隔並列、支撐屋頂的木材。

人潮與錢潮齊聚一堂的非日常之地

富岡八幡宮

以體型決勝負

能夠讓木場與佐賀町的稻米批發商老闆們競相撒錢且面不改色的就是祭典。位於河畔新興地區的深川，對於華麗且巨大之物情有獨鍾，在富岡八幡宮內，便能實際體驗這種巨大之美。

二之宮神轎的重量達二噸。

江戶富商紀伊國屋文左衛門所奉獻的三台金色神轎，當年是相當著名的大神轎，可惜在關東大地震時燒燬了。

觀眾會一邊潑灑清水，因此又有「潑水祭」之稱。

深川八幡祭

江戶三大祭典之一，每三年舉行一次的本祭，五十四台大神轎齊聚一堂，聯合遶境。是始自江戶時代的祭典。

在富岡八幡宮裡可以看到許多因物流致富的人前來捐獻。

神轎庫
展示一之宮的御本社神轎與二之宮的神轎。

二之宮神轎。

一之宮神轎重達四點五噸，裝飾了許多寶石，是日本第一大的黃金神轎。平成三（1991）年時由佐川宅急便社長所捐獻。曾經出場過一次，但因為體積實在太大，放入神轎庫內之後就不曾再出來。

勸進相撲

因為深川人喜歡體型碩大的相撲力士，因而此地才開始舉行勸進相撲。

橫綱力士碑

可與歷代的巨人力士比一下身高。

江戶相撲力士人氣第一的是雷電為右衛門。他的身高有197公分，體重172公斤，體型十分碩大，深獲大眾的喜愛。

釋迦嶽等身碑（右邊的黑色石碑）
身高七呎五吋（約2.26公尺）。此碑立於天明七（1787）年，是相撲界最古老的石碑。

大關力士碑

碑上雕刻著手印與腳印。大家可以拿自己的手比較一下大小。

巨人力士
手形足形碑

178　**小知識** 江戶三大祭典為赤坂日枝神社的山王祭、神田神社的神田祭、深川的八幡祭。

在門前町品嚐深川的滋味

舊稱深川浦的深川以前是一塊沙洲，名產是貝類。深川飯原是漁夫們吃的食物，後來逐漸演變成深川的平民美食。不論是古早味的「湯飯」吃法，還是每家店自成一格的「炊飯」吃法，大家不妨親自去比較看看吧。

深川飯

什麼是深川飯？

深川宿 富岡八幡店

「湯飯」是將蔥與蛤蠣以味噌煮滾一會兒，然後連同湯汁一起淋在飯上的漁夫料理。也有提供工人與職人偏愛，以醬油煮成的「炊飯」。

DATA
江東区富岡1-23-11富岡八幡宮境内
03-5646-8678

江戶時代是使用馬珂蛤，明治時代以後才改為使用蛤蠣。

門前茶屋

可以吃到店家自創、以蒸籠炊煮的蛤蠣蒸籠飯。

DATA
江東区富岡 1-5-1
03-3641-0660

門前仲町一帶可以吃到各式各樣的深川飯

はやき弥
以飛魚高湯炊煮的蛤蠣飯所捏成的飯糰。牛蒡與生薑的提味效果非常好。

伊勢屋
和果子老店推出的滑蛋版「深川丼」。

交通方式不同，抵達的玄關大門也不一樣

前往東京的 交通指南

東京的主要大門為機場（羽田、成田）以及東京車站。前往東京可以利用飛機、新幹線或高速巴士等交通工具，出發時，不妨將從大門到目的地的交通方式也一併考慮。

✈ 從羽田機場進入都心的交通方式

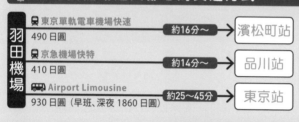

羽田機場			
🚃 東京單軌電車機場快速	490 日圓	約16分～	濱松町站
🚃 京急機場快特	410 日圓	約14分～	品川站
🚌 Airport Limousine	930 日圓（早班、深夜 1860 日圓）	約25～45分	東京站

羽田機場前往都心的交通非常便捷。要縮短交通時間，或是要前往新宿、澀谷方向，可以從羽田機場搭乘京急電車到品川轉車。若要前往東京、上野方向，則可從羽田機場搭乘東京單軌電車到濱松町轉車。

✈ 利用廉航的交通方式

新千歲機場	JJP／VNL／SJO 4490 日圓～	→	
關西機場	JJP／VNL／SJO 3470 日圓～	→	成田機場
福岡機場	JJP 4790 日圓～	→	
那霸機場	JJP／VNL 5880 日圓～	→	

成田機場
900 日圓～
（無預約為 1000 日圓）

THE ACCESS NARITA
1000 日圓～
（深夜 2000 日圓）

※也有利木津機場巴士。
2800 日圓～

→ 東京車站、銀座

成田機場吸引人的地方之一，就是廉航的班次多。從機場搭乘便宜的巴士離開，那就更划算了！若是搭乘京城Skyliner，抵達可轉乘JR山手線的日暮里站，最快只要36分鐘。

※JJP＝捷星航空、VNL＝香草航空、SJO＝春秋航空
※廉航採浮動票價，敬請事先確認。

✈ 從成田機場進入都心的交通方式

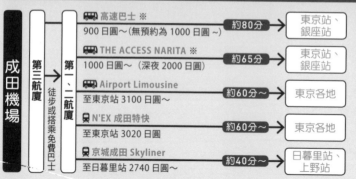

成田機場	第三航廈	徒步或搭乘免費巴士	第一、二航廈			
			🚌 高速巴士 ※ 900 日圓～（無預約為 1000 日圓～）	約80分	東京站、銀座站
			🚌 THE ACCESS NARITA ※ 1000 日圓～（深夜 2000 日圓）	約65分	東京站、銀座站
			🚌 Airport Limousine 至東京站 3100 日圓～	約60分～	東京各地
			🚃 N'EX 成田特快 至東京站 3020 日圓	約60分～	東京各地
			🚃 京城成田 Skyliner 至日暮里站 2740 日圓～	約40分～	日暮里站、上野站

搭乘廉航，就能以低廉的費用從日本國內各地往成田機場。廉航在成田機場的起降都是在第三航廈。可以免費接駁車轉往其他航廈，二、三航廈之間也可以徒步的方式移動。

※高速巴士、THE ACCESS NARITA 自第三航廈發車之後會停靠第二、第一航廈，再前往都心。

🚄 搭乘新幹線

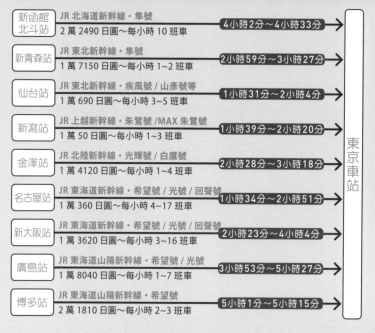

出發站	路線	時間
新函館北斗站	JR 北海道新幹線・隼號 2 萬 2490 日圓～每小時 10 班車	4小時2分～4小時33分
新青森站	JR 東北新幹線・隼號 1 萬 7150 日圓～每小時 1~2 班車	2小時59分～3小時27分
仙台站	JR 東北新幹線・疾風號 / 山彥號等 1 萬 690 日圓～每小時 3~5 班車	1小時31分～2小時4分
新潟站	JR 上越新幹線・朱鷺號 /MAX 朱鷺號 1 萬 50 日圓～每小時 1~3 班車	1小時39分～2小時20分
金澤站	JR 北陸新幹線・光輝號 / 白鷹號 1 萬 4120 日圓～每小時 1~4 班車	2小時28分～3小時18分
名古屋站	JR 東海道新幹線・希望號 / 光號 / 回聲號 1 萬 360 日圓～每小時 4~17 班車	1小時34分～2小時51分
新大阪站	JR 東海道新幹線・希望號 / 光號 / 回聲號 1 萬 3620 日圓～每小時 3~16 班車	2小時23分～4小時4分
廣島站	JR 東海道山陽新幹線・希望號 / 光號 1 萬 8040 日圓～每小時 1~7 班車	3小時53分～5小時27分
博多站	JR 東海道山陽新幹線・希望號 2 萬 1810 日圓～每小時 2~3 班車	5小時1分～5小時15分

→ 東京車站

採取陸路交通時，首選是新幹線。新幹線的好處之一，是可以直達東京、上野、品川等都心區的車站。若是搭乘飛機，只要到達出發地機場的交通能夠配合得上，抵達東京的時間也有可能與搭乘新幹線差不多，大家不妨比較一下。

🚌 搭乘高速巴士

出發地	巴士	時間
仙台	MILKYWAY-EXPRESS 2300 日圓～	約 5 小時 40 分
新潟	WEST 觀光巴士 2370 日圓～	約 6 小時 20 分
金澤	中日本 EXPRESS 3900 日圓～	約 9 小時 40 分
名古屋	WILLER EXPRESS 2100 日圓～	約 5 小時 45 分
大阪	WILLER EXPRESS 3200 日圓～	約 8 小時
廣島	中國 JR 巴士 5400 日圓～	約 11 小時
高松	JR 四國巴士 8600 日圓～	約 10 小時 10 分
福岡	Royal Holiday 10500 日圓～	約 15 小時

→ 東京

高速巴士不但票價低廉，出發地點也多，相當方便。選擇夜間出發的巴士，一大早就能抵達東京，可以有效利用時間。缺點是搭車的時間非常久，不過也有不少巴士公司開始提供較為寬敞的座位，有助於消除旅途的疲勞。

※高速巴士採浮動車資，敬請事先確認。

掌握搭乘交通工具大致的所需時間

在都內 來去自如

東京的交通網絡複雜，雖然有時候會搞不清楚狀況，但只要事先確定好前往地點的交通方式，就能順暢的來去自如。兩站之間的距離不遠，慢慢散步走過去也是一種樂趣。

🚃 JR 與的地鐵搭配組合的移動方式

在都內移動時，經常會利用到的JR是山手線、中央線、總武線。地鐵則又分成東京地鐵與都營地下鐵兩家公司。大家可以利用智慧型手機內查詢路線圖，就能輕鬆排出路線了。

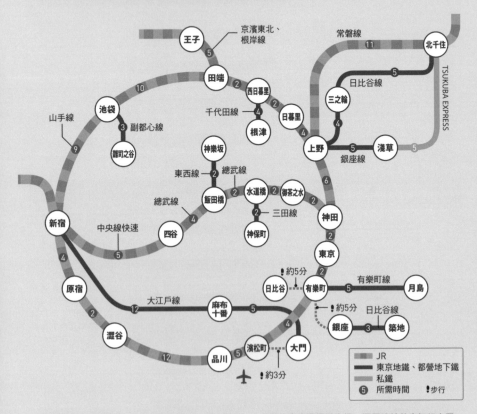

●**轉車時的注意事項**…持用車票轉車時，請走轉車專用剪票口。有時剪票口會收回車票。

●**使用當地的IC卡**…「ICOCA」等10種交通IC卡都可以在東京使用。

●**請注意直通運轉車輛**…不同路線的車輛行走同一軌道稱為直通運轉。在轉換軌道的車站有時會廣播車輛前往的目的地，請注意聆聽車內廣播。

●**轉車時請注意出口**…大部分的車站都有多個出口，有時會趕不上轉車。

Access Guide

🚃 善用特惠車票

如果要多次搭乘電車或地鐵、巴士，也可利用可一天內無限次上下車的一日券。價格請見路線圖上的標示。

東京地鐵 24 小時乘車券
600 日圓

可以在開始使用之後24小時內無限次搭乘東京地鐵的所有路線。

東京一日券
1590 日圓

可以一天內自由搭乘地鐵、JR線（限23區內）、都巴士等交通工具。

都巴士一日乘車券
500 日圓

可以一天內自由搭乘23區內的都巴士。

東京地鐵、都營地下鐵共通一日乘車券
900 日圓

可以一天內自由搭乘東京地鐵與都營地下鐵的全線車輛。

徒步也能到達的車站區間

雖然交通網路複雜，有些車站即使站名不同，其實彼此有通道相連。又或是在路線圖上看起來距離遙遠，事實上走路就能抵達。不少車站彼此之間的距離其實很短，如果只有一站，說不定走路反而更快到呢。

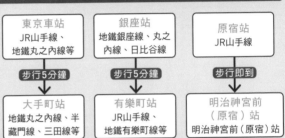

東京車站
JR山手線、地鐵丸之內線等
↓ 步行5分鐘
大手町站
地鐵丸之內線、半藏門線、三田線等

銀座站
地鐵銀座線、丸之內線、日比谷線
↓ 步行5分鐘
有樂町站
JR山手線、地鐵有樂町線等

原宿站
JR山手線
↓ 步行即到
明治神宮前（原宿）站
明治神宮前（原宿）站

🚌 物美價廉的巴士

● 丸之內shuttle	串連大手町、丸之內、有樂町地區的免費巡迴巴士。 10:00～20:00（平日8:00～10:00只行駛部分路段）。每隔12～15分鐘發車。	日之丸自動車興業 ☎ 03-6903-3334
● Metro Link 日本橋	行駛八重州、京橋、日本橋地區的免費巡迴巴士。 10:00～20:00約10分鐘一班。也有開往東日本橋、人形町方向的E線，8:00～18:00（六日及假日為10:00～20:00）。每隔22分鐘左右發車。	
● Chii-Bus	非常方便往來於六本木～麻布地區。每次100日圓。	FUJI EXPRESS ☎ 03-3455-2211
● 八公巴士	巡迴澀谷區內的原宿、惠比壽、代官山等區域的公車。每次100日圓。	
● 觀光路線巴士	不需事先預約就能搭乘的觀光路線巴士「東京一夢之下町」。從東京車站經由上野、淺草、東京晴空塔等至錦系町。復古造型的車輛饒富趣味。每次200日圓。	都營交通 INFORMATION CENTER ☎ 03-3816-5700

🚢 搭船移動也很有趣

● 水上巴士

航行於淺草嶼日之出棧橋。沿途經過十二座橋底，可以飽覽下町與晴空塔美景的遊覽船。

東京觀光汽船 ☎ 0120-977-311

【路線】

淺草 → 濱離宮 → 日之出棧橋 等等

淺草→日之出棧橋所需時間約40分鐘，票價780日圓～
※漫畫家松本零士所設計的觀光船「HOTARUNA」也同時運行。

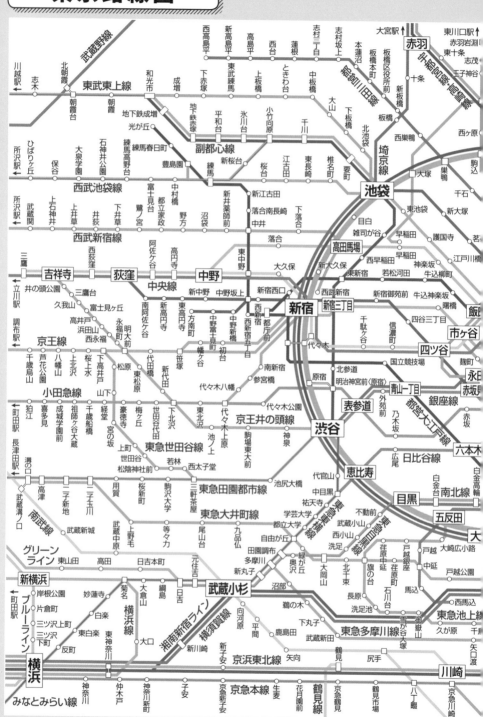

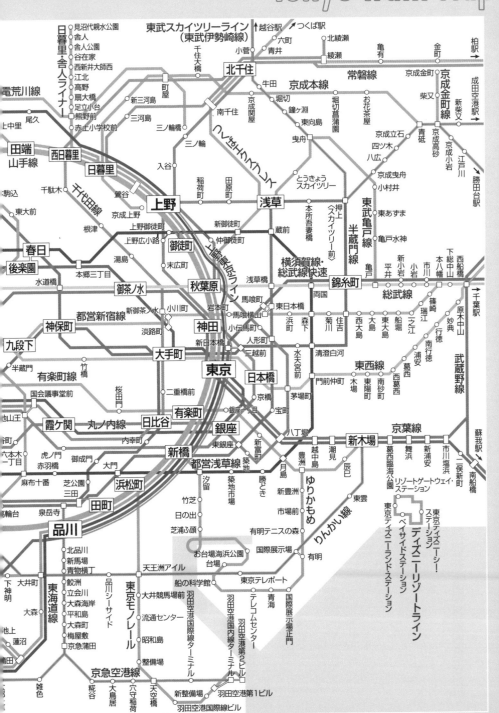

作者介紹

STUDIO WORK

STUDIO WORK是一群來自建築、都市計畫、插畫設計等各個領域的工作者集結而成的田野調查團隊。透過接觸當地、實地測量與周邊觀察來收集資料，發現事物的新價值並且與大眾分享。期望本書能夠讓讀者們產生身歷其境的共鳴感。著有《建築設計解剖圖鑑》、《佛像與寺廟解剖圖鑑》等。

成員介紹

最勝寺靖彥 Yasuhiko Saishoji
[監修・執筆]

1946年生，工學院大學大學院建築學科修畢。1995年成立TERA歷史景觀研究室。擔任《住宅與電器》的編輯委員，為SOFT UNION成員之一。曾參與造鎮與古民家再生計畫。著有《和風設計細節圖鑑》、《重振街町的99個創意》等。

二藤克明 Katsuaki Nito
[執筆・插圖]

1965年出生於東京。一級建築士。工學院大學專門學校建築科研究科畢業。株式會社現代建築設計事務所董事。2009年起開始從事街町散步，每次只要遇見看板建築等昭和初期的建築物就會特別興奮。鍾愛舊時代建築的設計細節。

和田明廣 Akihiro Wada
[執筆・插圖]

1964年出生於山形縣。插畫設計師。武藏野美術大學畢業。曾擔任廣告製作，於2010年獨立。主要從事品牌規劃的相關活動，同時為母校的通信教育課程當中的面對面課程擔任插畫設計基礎課程講師。

井上 心 Kokoro Inoue
[執筆・插圖]

1979年出生於埼玉縣。一級建築士。法政大學經濟學部畢業後，又拿到工學院大學專門學校二部建築學科的學位。目前任職於設計事務所。興趣是街町散步與旅行。喜愛探訪陌生的地方，對於當地釀造的酒或啤酒更是愛不釋手。

和田 剛 Tsuyoshi Wada
[執筆・插圖]

1979年生於埼玉縣。取得倫敦都會大學文憑（diploma）。曾經任職於英國與韓國的設計事務所，目前以接案為主。興趣是旅行與皮雕。

安藤理惠 Rie Ando
[執筆・插圖]

出生於群馬縣。二級建築士。工學院大學專門學校建築科研究科畢業。曾經任職於設計事務所、室內裝潢業界、布料設計業界，現在已經獨立。2012年～成立工房punto piu。熱愛「漫步街町」，也喜歡「漫步鄉間」。最喜歡觀賞每個地方的特產品，尤其是編織物、染物以及草木。

櫻井祐美 Yumi Sakurai
[執筆・插圖]

1971年生，北海道人，於三陸長大。武藏野美術大學造型學部畢業，二級建築士。負責搜羅在地美食，同時也是鬱金香迷及拉麵愛好者。透過OFUNATO銀河station market place與東北、三陸、大船渡維持良好友誼。

日高利恵 Rie Hidaka
[執筆・插圖]

1972年出生於廣島縣。武藏野美術大學造型學部設計情報學科畢業。於設計事務所RINOTONE擔任接案的插畫設計師。興趣是散步時為巧遇的街貓拍照。飼有三色貓與虎斑貓。

渡邊朗子 Akiko Watanabe
[執筆・插圖]

1975年出生於新瀉縣。設計師。武藏野美術大學、千葉大學畢業。曾任職於設計公司，目前透過設計事務所tori-little繼續活躍於設計界，並育有兩子。認為能夠在街町散步時喝一杯美味的咖啡，是最幸福的事。

錦織涼子 Ryoko Nishikohri
[執筆・插圖]

1976年出生於東京。一級建築士。東京設計師學院專門學校建築設計科畢業。武藏野美術大學造型學部工藝工業設計科畢業。興趣為漫步於海內外的街町，尋找並享受在地美食。

芝 美由紀 Miyuki Shiba
[執筆・插圖]

1972年出生於北海道。室蘭工業大學建設系統系畢業。於建商公司從事商品開發。離職之後，目前正為扶養兩個女兒長大不遺餘力。喜歡自己動手做東西，為家人下廚及縫製衣物。

和田安史 Yasushi Wada
[協助採訪]

1967年出生於神奈川縣。一級建築士。1993年明治大學研究所工學研究科博士前期課程修畢，目前任職於建築業設計部門。

系日谷晶子 Akiko Itohiya
[協助採訪]

1968年出生於東京。二級建築士。工學院大學專門學校建築系研究科畢業、武藏野美術大學畢業。成立有限公司KORAMU。

參考文獻

- 日本橋異聞（荒俣宏／光文社）
- 吉原という異界（塩見鮮一郎／現代書館）
- 地図と愉しむ東京歴史散歩 地形編（竹内正浩／中央公論新社）
- 東京の階段（松本泰生／日本文芸社）
- コの字酒場はワンダーランド-呑めば極楽 語れば天国（加藤ジャンプ／六耀社）
- 月島再発見学－まちづくり視点で楽しむ歴史と未来（志村秀明／アニカ）
- 水辺都市－江戸東京のウォーターフロント探検（陣内秀信他／朝日新聞社）
- 江戸東京のみかた調べかた（陣内秀信他／鹿島出版会）
- デジタル鳥瞰 江戸の崖 東京の崖（芳賀ひらく／講談社）
- 「水」が教えてくれる東京の微地形散歩（内田宗治／実業之日本社）
- 「春の小川」はなぜ消えたか 渋谷川にみる都市河川の歴史（田原光泰／之潮）
- 凹凸を楽しむ 東京スリバチ地形散歩1・2（皆川典久／洋泉社）
- 水系と3Dイラストでたどる 東京地形散歩（竹内正浩／宝島社）
- 古地図で読み解く 江戸東京地形の謎（芳賀ひらく／二見書房）
- 東京スリバチ地形入門（皆川典久／イースト・プレス）
- 昭和初期の博物館建築 東京博物館と東京帝室博物館（博物館建築研究会編／東海大学出版会）
- 日本のステンドグラス 小川三知の世界（田辺千代・増田彰久／白揚社）
- 不思議の町 根津 -ひっそりした都市空間（森まゆみ／山手書房新社）
- 千駄木のお屋敷 旧安田楠雄邸へようこそ（たてもの応援団企画／たてもの応援団）
- 新宿ゴールデン街（渡辺英綱／晶文社）
- 神楽坂がまるごとわかる本（渡辺功一／けやき舎）
- 新編・谷根千路地事典（江戸のある町 上野谷根千研究会／住まいの図書館出版局）
- モダン東京の歴史社会学（松橋達矢／ミネルヴァ書房）
- 江戸の醍醐味（荒俣宏／光文社）
- 花街・色街・艶な街 色街編（上村敏彦／街と暮らし社）
- ここだけは見ておきたい東京の近代建築Ⅰ・Ⅱ（小林一郎／吉川弘文館）
- 三菱一号館美術館（三菱地所株式会社編／武田ランダムハウスジャパン）
- 地図物語 あの日の日本橋（佐藤洋一・ぎょう堂編集部／ぎょう堂）

- 地図物語　あの日の浅草（佐藤洋一・ぶよう堂編集部／ぶよう堂）

- 地図物語　あの日の神田・神保町（佐藤洋一・ぶよう堂編集部／ぶよう堂）

- 地図物語　あの日の新宿（佐藤洋一・ぶよう堂編集部／ぶよう堂）

- 銀座を歩く　江戸とモダンの歴史体験（岡本哲志／学芸出版社）

- 銀座建築探訪（藤森照信・増田彰久／白揚社）

- 土の絵師 伊豆長八の世界（村上道宣編／木蓮社）

- 江戸城を歩く（黒田涼／祥伝社）

- 東京人NO.279,372（都市出版）

- 東京生活NO.15（枻出版社）

- 三丁目の角（ワールドフォトプレス）

- 古本神田神保町ガイド（毎日ムック／毎日新聞社）

| 著者介紹 |

STUDIO WORK

是一群來自建築、都市計畫、插畫設計等各個領域的工作者集結而成的田野調查
團隊。透過接觸當地、實地測量與周邊觀察來收集資料，發現事物的新價值並且
與大眾分享。期望本書能夠讓讀者們產生身歷其境的共鳴感。著有《建築設計解
剖圖鑑》《佛像與寺廟解剖圖鑑》等。

| STAFF |

設計　　　　落合あや子、赤荻浩之、井上照芳、川島絵里、大塚理紗
　　　　　　（アーク・ビジュアル・ワークス）

東京路線圖　s-map

編集協力　　小川睦子

企畫·編集　朝日新聞出版　鈴木晴奈、浅見英治

出　　　　版／楓書坊文化出版社
地　　　　址／新北市板橋區信義路163巷3號10樓
郵 政 劃 撥／19907596　楓書坊文化出版社
網　　　　址／www.maplebook.com.tw
電　　　　話／02-2957-6096
傳　　　　真／02-2957-6435
著　　　　者／STUDIO WORK
翻　　　　譯／陳怡君
企 劃 編 輯／陳依萱
校　　　　對／劉素芳
總 經 　銷／商流文化事業有限公司
地　　　　址／新北市中和區中正路752號8樓
網　　　　址／www.vdm.com.tw
電　　　　話／02-2228-8841
傳　　　　真／02-2228-6939
港 澳 經 銷／泛華發行代理有限公司
定　　　　價／350元
出 版 日 期／2019年2月

國家圖書館出版品預行編目資料

東京街道散步圖鑑 / STUDIO WORK作
; 陳怡君譯. -- 初版. -- 新北市：楓書坊
文化, 2019.02　　面；　　公分

ISBN 978-986-377-443-3（平裝）

1. 旅遊　2. 日本東京都

731.72609　　　　　　　107020820